編み方のコツがひと目でわかる

はじめての
かぎ針編み

成美堂出版

Contents

かぎ針編みを始める前に

- 4 糸について
- 5 用具について
- 6 かぎ針の種類と持ち方
- 7 編み目とゲージ
- 8 編み図の見方

基本のテクニック

- 10 くさり編み
- 11 こま編み
- 12 中長編み
- 13 長編み
- 14 長々編み／引き抜き編み
- 15 糸端を輪にする作り目
- 16 減らし目
- 17 増し目
- 18 編み終わりと糸の始末、仕上げ
- 19 かぎ針編みの基礎知識
    - 編み目の名称について
    - 立ち上がりと編み目の高さ
    - 作り目の拾い方
    - 「束にすくう」と「目に編み入れる」の違い

Column

- 51 かぎ針編みQ&A 〈1〉
- 83 かぎ針編みQ&A 〈2〉

A　　　　B

ミニマフラー&スヌード　20

つば広ハット　40

A　　　　B

ミトン&ハンドウォーマー　58

ルームシューズ　84

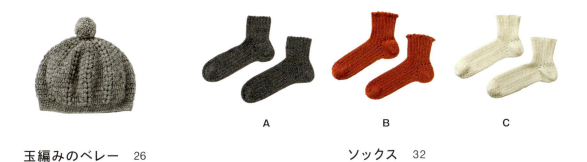

玉編みのベレー　26

A　B　C

ソックス　32

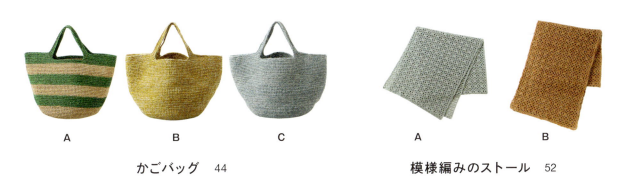

A　B　C

かごバッグ　44

A　B

模様編みのストール　52

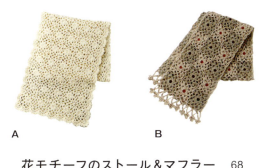

A　B

花モチーフのストール＆マフラー　68

モチーフつなぎのブランケット　76

A　B

丸ポーチ＆がまぐち　90

かぎ針編みを始める前に

糸や針をはじめ、かぎ針編みの基本となる編み目やゲージなどについて解説します。かぎ針編みがはじめての人は、作品を編む前に読んでおきましょう。

糸について

糸には太さや形状によって、いろいろなタイプがあります。

● 糸の太さ（実物大）

	適合針
中細（ちゅうほそ）	2/0号～4/0号
合太（あいぶと）	3/0号～5/0号
並太（なみぶと）	4/0号～6/0号
極太（ごくぶと）	8/0号～10/0号
超極太（ちょうごくぶと）	10/0号～8mm

● 糸の種類

ストレート
太さや撚りが一定のまっすぐな糸。色も太さも豊富にあります。

モヘア
アンゴラヤギの毛が入った毛足の長い糸。ふんわりとやわらかな風合いです。

ファンシー
糸の表面に加工をほどこした糸の総称。ループヤーンや毛足のある糸など、いろいろな種類があります。

その他
ウール、コットンなどの一般的な糸のほか、レーヨン100％のエコアンダリヤなど、特殊素材の糸もあります。

● ラベルの見方

糸についているラベルには大切な情報が載っています。

- A　糸の名称
- B　糸の素材
- C　1玉の重さと糸長（いとちょう）　糸長とは糸の長さのこと。
- D　色番号
- E　ロット　ロットとは、糸を染色したときの番号。色番号が同じでもロットが違うと色味が微妙に異なることがあるので、何玉か購入するときは同じロット番号の糸を選びましょう。
- F　この糸を編むのに適した針の号数
- G　標準ゲージ　10cm角の中に入る、標準的な目数と段数（P.7参照）。
- H　取り扱い方法　洗濯やアイロンをかけるときの方法や注意点。

● 糸端の取り出し方

糸玉の中に指を入れて糸のかたまりを取り出し、かたまりの中から糸端を見つけます。ラベルははずさず、つけたまま使います。

※外側の糸端から使うと、糸玉が転がって編みにくく、糸に撚りがかかってしまうことがあります。

●この本で使用した糸（実物大）

※糸の情報は2019年9月現在のものです。

アメリー
素材／ウール70%（ニュージーランドメリノ使用）、アクリル30%　仕立て／40g玉巻（約110m）

アメリーエル《極太》
素材／ウール70%（ニュージーランドメリノ使用）、アクリル30%　仕立て／40g玉巻（約50m）

ウオッシュコットン《クロッシェ》
素材／コットン64%、ポリエステル36%　仕立て／25g玉巻（約104m）

エクシードウールFL《合太》
素材／ウール100%（エクストラファインメリノ使用）　仕立て／40g玉巻（約120m）

エコアンダリヤ
素材／レーヨン100%　仕立て／40g玉巻（約80m）

コロポックル
素材／ウール40%、アクリル30%、ナイロン30%　仕立て／25g玉巻（約92m）

ハマナカ 純毛中細
素材／ウール100%　仕立て／40g玉巻（約160m）

ソノモノアルパカウール《並太》
素材／ウール60%、アルパカ40%　仕立て／40g玉巻（約92m）

ソノモノ《超極太》
素材／ウール100%　仕立て／40g玉巻（約40m）

ハマナカ モヘア
素材／アクリル65%、モヘア35%　仕立て／25g玉巻（約100m）

ワルツ
素材／ナイロン29%、ウール20%、モヘア19%、レーヨン16%、アクリル16%　仕立て／25g玉巻（約135m）

※この本では、ハマナカ株式会社の手あみ糸を使用しています。糸をかえるとゲージや風合いがかわってしまうため、指定の糸で編むことをおすすめします。どうしても手に入らない場合は、仕立て（g数と糸長）ができるだけ近い糸を選びましょう。

糸について／用具について

用具について

糸とかぎ針のほかに、そろえておきたい用具を紹介します。

A 毛糸とじ針 （ハマナカアミアミ毛糸とじ針）〈H250-706〉
縫い針よりも太くて先が丸い針。糸の始末や編み地のはぎ、とじに使います。

B 段目リング （ハマナカアミアミ段目リング）〈H250-708〉
編み始めや段数の目安につけておくと便利です。

C ハサミ （ハマナカクラフトハサミ）〈H420-001〉
先が細くてよく切れる手芸用のハサミがおすすめです。

D メジャー
作品の長さやゲージを測るときに使います。

※〈　〉内の番号は商品番号です。

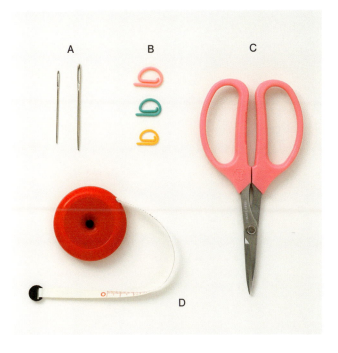

かぎ針の種類と持ち方

●かぎ針の種類

かぎ針は、先がフック状になっている針。
太さは「号数」で示され、数字が大きくなるほど針は太くなります。

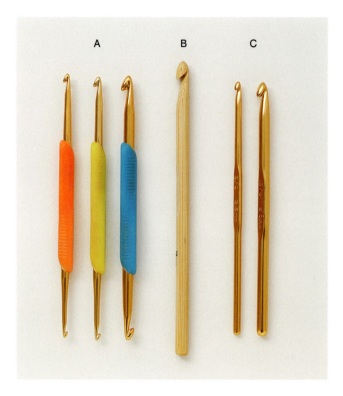

A　両かぎ針　〈ハマナカアミアミ両かぎ針ラクラク〉
両側に違う号数のかぎがついた両かぎタイプ。1本で2種類の号数が使える。

B　ジャンボ針
10/0号より太い針で、号数はmmで表示する。
7mm～15mmまである。

C　片かぎ針　〈ハマナカアミアミ片かぎ針（金属製）〉
片側にかぎのついた片かぎ針。もっとも一般的な金属製の片かぎ針は、すべりがよく編みやすい。

> **Point　かぎ針の選び方**
> かぎ針の種類は形や材質など様々ですが、自分が握りやすく編みすい針を選びましょう。グリップつきの針は長く握っていても疲れにくいので、初心者にはとくにおすすめです。

●かぎ針の持ち方　　針と糸の正しい持ち方をマスターしましょう。

糸のかけ方
❶左手の小指と薬指の間に糸端をはさみ、人さし指に糸をかける。
❷人さし指にかけた糸を親指と中指で持つ。

針の持ち方
右手の親指と人さし指で、かぎ針の先から4～5cmのところを持ち、中指を軽く添える。かぎは下を向ける。

編み方
左手の親指と中指で編み地を持ち、人さし指で糸がたるまないように調節しながら編む。

編み目とゲージ

●編み目について

編み目を数えるときには、「目」と「段」という言葉を使います。編み地の横方向の数が「目数（めかず）」、縦方向の数が「段数」です。そして、何段か編んで「目」と「段」が集まると「編み地」になります。長編みを例に、目数と段数を数えてみましょう。水色で囲んだ部分を「1目・1段」と数えます。

長編みの編み地

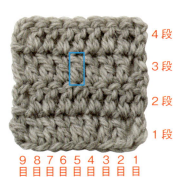

長編みの編み目記号図

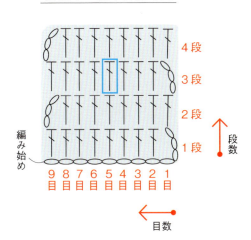

※編み目を記号で表したものを「編み目記号」と言います。編み目記号が集まって、記号図ができ上がります。

●ゲージについて　作品を編むときの編み目の大きさの目安になります。

ゲージは一定の大きさ（一般的に10cm角）の編み地に、何目何段入っているかを示したもの。例えば、右の編み地のゲージは「長編み 10目5段＝10cm角」と表示されます。作品通りのサイズに仕上げるには、記載されているゲージと合わせることが大切です。特に帽子やミトンなどは、ゲージが合っていないと仕上がりのサイズがかわり、編み上がっても着用できなくなることも。
作品を編む前に、まずは15cm角くらいの編み地を試しに編んで、ゲージを測りましょう。

Point　ゲージが合わないとき

目数・段数が表示よりも多い場合	→	1～2号太い針で編む
目数・段数が表示よりも少ない場合	→	1～2号細い針で編む

編み図の見方

●記号図について

作品の編み方を記号で表示した図のことを「編み目記号図」と言います。
記号図は、編み地を表側から見た状態で表しています。

往復に編む

マフラーやストールなど平らなものを編むときの方法です。
1段ごとに編み地の表側と裏側を返して編み、記号図の矢印の方向が編み方向です。

- 表側　記号図の右から左に進む
- 裏側　記号図の左から右に進む

〈実際に編むとき〉つねに右から左に編み進みます。

中心から輪に編む

帽子やバッグ、モチーフを編むときの方法です。
糸端を輪にする作り目やくさり編みで輪を作り、輪の中に目を編み入れ、つねに編み地の表側を見ながら反時計まわりに編みます。

筒状に編む

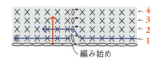

帽子やミトンなど筒状のものを編むときの方法です。
くさりの作り目を引き抜いて輪にし、つねに編み地の表側を見ながら右から左にぐるぐる編みます。

楕円に編む

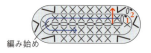

バッグの底などを編むときの方法です。
この本では、ソックスのつま先を編むときに使います。
くさりの作り目の両側に編み入れ、つねに編み地の表側を見ながら反時計まわりに編みます。

●この本の編み図の見方

編み図の中には、いろいろな情報が記されています。編み始める前に、図の見方を覚えておきましょう。

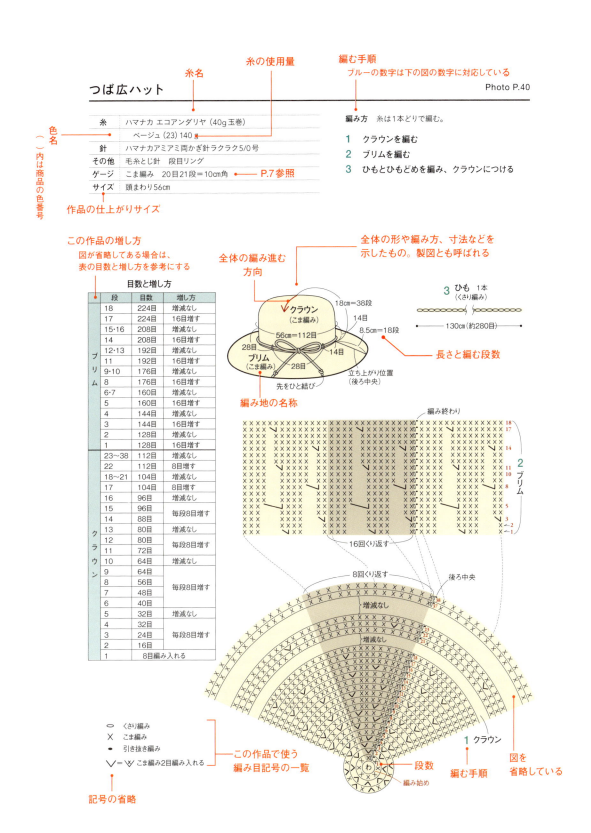

基本のテクニック

作品を編むために必要なかぎ針編みの基本の編み方や作り目の方法、糸の始末などをマスターしましょう。

くさり編み ○

- もっとも基本となる編み方です。「くさり目」「くさり」と呼ぶこともあります。
- 1段めを編むときの土台になる「作り目」になります。作り目は1段には数えません。

1 糸を左手にかけ、針を矢印のようにまわして糸をかける。

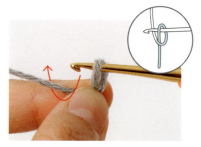

2 糸の交点を親指と中指で押さえ、矢印のように糸をかける。

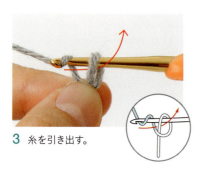

3 糸を引き出す。

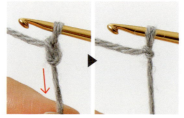

4 糸端を引いて引きしめる。これが端の目になる。

※端の目は1目には数えません。

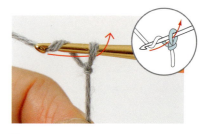

5 針に糸をかけ、矢印のように引き抜く。

6 引き抜いたところ。くさり編みが1目編めた。

7 5をくり返す。

8 必要目数を編む。

くさり編みの目について

くさり目には表側に2本の目があり、この1本をくさりの「半目」、裏側の中央にあるこぶのような山を「裏山」と呼びます。作品によってすくう場所が異なるので、P.19で紹介する「作り目の拾い方」と併せて構造を覚えておきましょう。

Point

作り目はゆるめに編む

作り目のくさり編みをきつく編んでしまうと、1段めを編むときにとても編みにくくなります。また、くさり目の糸が引っ張られ、作り目の幅がせまくなってしまうことがあるので、少しゆるめに編みましょう。1〜2号太めの針で編んでもよいでしょう。

こま編み ×

- 目の詰まった編み地になります。
- 立ち上がりのくさり編みは1目で、こま編みの目数には数えません。

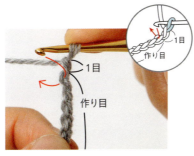

1 作り目を編み、立ち上がりのくさり1目を編む。作り目の1目めに針を入れる。

2 針に糸をかけて引き出す。

3 さらに針に糸をかけ、針にかかっている2つのループを一度に引き抜く。

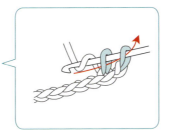

4 こま編みが1目編めた。

5 次の目に針を入れ、2、3をくり返して編む。

6 1段めの最後のこま編みは、作り目の1目めに編む。

7 2段めの立ち上がりのくさり1目を編み、編み地を矢印のようにまわす。

編み地のまわし方

往復編みの場合、1段編み終わったら次の段の立ち上がりのくさりを編み、編み地を裏返しにします。針は動かさずに、編み地の右側を矢印のように向こう側にまわします。いつも同じ方向にまわしましょう。

8 編み地の裏側を見て2段めを編む。こま編みの頭（くさり目のような2本の糸）に針を入れ、こま編みを編む。

9 2段めの最後は、1段めの最初のこま編みの頭に編む。

中長編み T

- くさり2目分の高さの編み目です。
- 立ち上がりのくさり編みは2目で、中長編みの1目めに数えます。

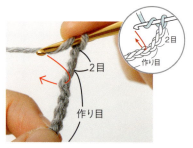

1 作り目を編み、立ち上がりのくさり2目を編む。針に糸をかけ、作り目の2目めに針を入れる。

2 針に糸をかけ、矢印のようにくさり2目分の高さまで引き出す。

3 引き出したところ。この状態を未完成の中長編み（P.16）と言う。

4 針に糸をかけ、針にかかっているループを一度に引き抜く。

5 中長編みが1目編めた。立ち上がりのくさりは、最初の1目に数える。

6 針に糸をかけて次の目に針を入れ、2〜5をくり返して編む。1段めの最後の中長編みは作り目の1目めに編む。

7 2段めの立ち上がりのくさり2目を編み、編み地を矢印のようにまわす。

※編み地のまわし方はP.11の7参照。

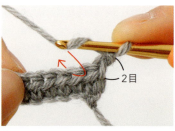

8 編み地の裏側を見て2段めを編む。針に糸をかけ、前段の2目めの頭（くさり目のような2本の糸）に針を入れて中長編みを編む。

9 2段めの最後は、1段めの立ち上がりの裏側から、くさりの2目めの表側1本と裏山に針を入れて編む。

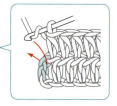

※ここに編み入れないと目数が減ってしまうので注意しましょう。P.83の「Q.編み地が台形になってしまう…何故？」参照。

10 3段めの最後は、前段の立ち上がりのくさりの2目めの表側1本と裏山に針を入れて編む。

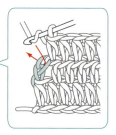

長編み

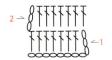

- くさり3目分の高さの編み目です。
- 立ち上がりのくさり編みは3目で、長編みの1目めに数えます。

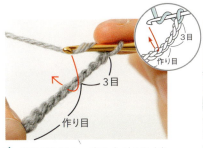

1 作り目を編み、立ち上がりのくさり3目を編む。針に糸をかけ、作り目の2目めに針を入れる。

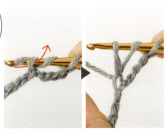

2 針に糸をかけ、くさり2目分の高さまで引き出す。

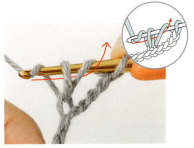

3 針に糸をかけ、1段の高さ（くさり3目分）まで2つのループを引き抜く。

4 引き抜いたところ。この状態を未完成の長編み（P.16）と呼ぶ。

5 針に糸をかけ、針にかかっているループを一度に引き抜く。

6 長編みが1目編めた。立ち上がりのくさりは、最初の1目に数える。

7 針に糸をかけて次の目に針を入れ、2～6をくり返して編む。1段めの最後の長編みは、作り目の1目めに編む。

8 2段めの立ち上がりのくさり3目を編み、編み地を矢印のようにまわす。
※編み地のまわし方はP.11の7参照。

9 編み地の裏側を見て2段めを編む。針に糸をかけ、前段の2目めの頭（くさり目のような2本の糸）に針を入れて長編みを編む。

10 2段めの最後は、1段めの立ち上がりの裏側から、くさり3目の半目と裏山に針を入れて編む。3段めの編み終わりは、P.12の10と同じ要領で編む。

> **Point** きれいに編むために
>
> 長編みをきれいに編むためには、**2**で糸を引き出すときに、編み目の高さの2/3（くさり編み2目分）まで引き出します。**3**で残りの1/3（くさり編み1目分）を編むようにするとふっくらときれいに編めます。
>
>

長々編み

- くさり4目分の高さの編み目です。
- 立ち上がりのくさり編みは4目で、長々編みの1目めに数えます。

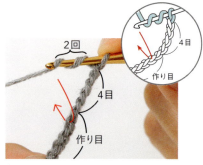

1 作り目を編み、立ち上がりのくさり4目を編む。針に糸を2回巻き、作り目の2目めに針を入れる。

2 針に糸をかけ、くさり2目分の高さまで引き出す。

3 針に糸をかけ、矢印のように2つのループを引き抜く。

4 もう一度針に糸をかけ、2つのループを引き抜く。

5 引き抜いたところ。この状態を未完成の長々編み（P.16）と呼ぶ。

6 さらに針に糸をかけ、残りのループを引き抜く。

7 長々編みが1目編めた。立ち上がりのくさりは、最初の1目に数える。

8 針に糸を2回巻き、次の目に針を入れて2～7をくり返して編む。2段め以降の編み方は、長編み（P.13）と同じ要領。

引き抜き編み

× × × × ×
× × × × ×

- 針に糸をかけて引き抜くだけの、高さのない編み目です。
- 輪編みの編み終わりで、目と目をつなぐときにも使われ、「引き抜く」という言い方をします（P.15の7～9参照）。

1 前段のこま編みの頭（くさり目のような2本の糸）に針を入れる。

2 糸をかけて一度に引き抜く。

3 1、2をくり返す。編み目がつれないように注意しながら編む。

糸端を輪にする作り目

● 中心から外側に向かって編む、円形の編み始めに使う作り目です。

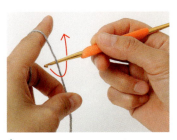

1　左手に糸をかけ、針を矢印のようにまわして糸をかける。

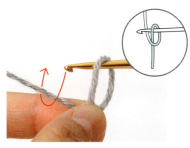

2　糸の交点を親指と中指で押さえて輪を作る。矢印のように糸をかける。

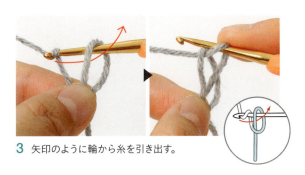

3　矢印のように輪から糸を引き出す。

4　針に糸をかけ、矢印のように引き抜く。立ち上がりのくさり編みが編めた。

5　輪の中に針を入れて編んでいく。
※こま編みで解説していますが、実際には作品に合わせた編み方で編みます。

6　必要目数編んだら一度かぎ針を外し、編み目を指で押さえて糸端を引っ張り、中央の輪を縮める。

7　かぎ針を戻し、最初のこま編みの頭をすくう。
※長編みの場合は、立ち上がりのくさり3目め（半目と裏山）に針を入れます。

8　針に糸をかけてきつめに引き抜く。

9　引き抜いたところ。1段めが編み終わった。

減らし目

途中まで編んだ数目を一度に引き抜いて目を減らします。目数がかわっても要領は同じです。

● こま編み2目一度 ∧

1 1目めに針を入れ、糸をかけて引き出す。

2 引き出したところ。これが「未完成のこま編み」。次の目から1と同様に糸を引き出す。

3 針に糸をかけ、針にかかっているループを一度に引き抜く。

4 こま編み2目が1目になる。

● 中長編み2目一度 ∧

1 針に糸をかけて1目めに入れ、糸をかけて引き出す。

2 引き出したところ。これが「未完成の中長編み」。1目めのループが短くならなうように注意して次の目からも同様に引き出す。

3 1目めと2目めの高さをそろえ、針に糸をかけて全部のループを一度に引き抜く。

4 中長編み2目が1目になる。

● 長編み2目一度

1 針に糸をかけて1目めに入れ、糸をかけて引き出す。

2 針に糸をかけて2つのループを引き抜く。

3 これが「未完成の長編み」。針に糸をかけ、次の目からも同様に引き出す。

4 1目めと高さをそろえ、針に糸をかけて2つのループを引き抜く。

5 針に糸をかけ、全部のループを一度に引き抜く。

6 長編み2目が1目になる。

Point 未完成の編み目

こま編み

中長編み

長編み

長々編み

記号の編み目の最後の引き抜く操作をしない、針にループを残した状態を「未完成の編み目」と言います。2目一度、3目一度や、玉編みなどを編むときの操作の途中で使います。

増し目

同じ目に数目編み入れて目を増します。目数がかわっても要領は同じです。

●こま編み2目編み入れる

1 こま編み (P.11) を1目編み、同じところに針を入れる。

2 こま編みを編む。

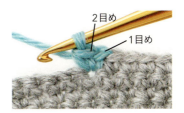
3 こま編みが1目増えた。

●中長編み2目編み入れる

1 中長編み (P.12) を1目編む。針に糸をかけて同じところに針を入れ、糸を引き出す。

2 中長編みを編む。

3 中長編みが1目増えた。

●長編み2目編み入れる

1 長編み (P.13) を1目編む。針に糸をかけて同じところに針を入れ、糸を引き出す。

2 長編みを編む。

3 長編みが1目増えた。
※長編み3目編み入れる（ ）は、同じところに長編みを3目編み入れます。

減らし目／増し目

Point　編み地の端で減らす場合、増す場合

減らす

段の始めで1目減らすときは、くさり3目（または2目）で立ち上がり、前段の端から2目を長編みで編みます。立ち上がりとこの長編みで2目一度したことになります。編む操作としては、2目編む場合（ ）とかわりませんが、1目と数えるので、次の段を編むときに注意しましょう。

増す

段の始めで1目増すときは、くさり3目で立ち上がり、前段の端の目に長編みを1目編み入れます。立ち上がりとこの長編みで2目編み入れたことになります。編み終わりで増すときは、前段の立ち上がりに長編みを2目編み入れます。

編み終わりと糸の始末、仕上げ

● 編み終わり

1　最後の目を編んだら、針に糸をかけて引き抜く。

2　糸端を10cm残してカットし、針を持ち上げてそのまま糸を引き抜く。

3　糸端を引き締める。

NG　1で糸をかけずにそのまま糸を引き抜くと、目がゆるんでしまいます。

● 糸の始末　編み地の表側にひびかないように気をつけて始末しましょう。

1　糸をとじ針に通し、編み地の裏側に2～3cmくぐらせる。

2　1でくぐらせた編み目の1目分を戻って針を入れ、同様に2～3cmくぐらせる。
※返し縫いの要領です。こうすることで糸が抜けにくくなり、安心。

3　余った糸は、編み地のギリギリのところでカットする。

とじ針に糸を通す方法

❶ 糸でとじ針をはさみ、指先でぎゅっとつまんでとじ針を抜く。
❷ 指先でつまんだまま、折り山をとじ針の中に通す。
❸ 通したところ。糸端を引き出す。

● 仕上げの方法

1　作品が編み上がった状態。編み地が歪んでいる。

2　裏→表の順に、編み地から少し浮かせてスチームを当てる。編み地に直接アイロンを当てると、編み目がつぶれてしまうので注意。

3　編み地が熱いうちに手で形を整え、冷めるまで放置しておく。編み目が整い、きれいに仕上がる。

※糸のラベルにあるアイロン表示を確認しましょう。

かぎ針編みの基礎知識

● 編み目の名称について

編み目の上にある、くさりのような2本の糸を「頭」、その下にある柱状のものを「足」または「柱」と呼びます。

こま編みの場合

こま編み

中長編み

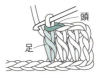
長編み

● 立ち上がりと編み目の高さ

「立ち上がり」とは、毎段の編み始めに、編み目の高さ分だけ編むくさり目のこと。編み始めの高さを保つために編むもので、くさりの目数は編み目によって異なります。

こま編み以外は、立ち上がりのくさり目を編み始めの1目と数えます。そのため、こま編み以外の記号は次の目を編むときに、すぐ隣の目には編まず、1目分あけます。

こま編み　中長編み　長編み　長々編み

● 作り目の拾い方

くさり編みの作り目から目を拾う方法は、次の3種類あります。「この方法で拾わなくてはいけない」という決まりはありません。作品のデザインや、目の拾いやすさで選びましょう。

くさりの裏山を拾う方法

表側にくさりの目が残るのできれいに仕上がり、縁編みをしない作品に向いている。

くさりの半目と裏山をすくう方法

2本をすくって編むので作り目がゆるまず、しっかりと安定する。

くさりの半目を拾う方法

手前側の1本だけをすくう、拾いやすい方法。楕円底など、作り目の両側から拾うときに向いている。

●「束にすくう」と「目に編み入れる」の違い

「玉編み」や、「○目編み入れる」の記号には、根元がくっついているものと離れているものがあり、根元の状態によって針の入れ方が異なります。編み方や目数がかわっても、同様です。

記号図の根元がくっついている場合

前段の1目に針を入れて編む。

記号図の根元が離れている場合

前段のくさりのループごとすくって編む。これを束にすくうと言う。

A

ミニマフラー&スヌード
How to make…P.22

太糸でざくざく編めるミニマフラー。ボタンを編み地の好きなところに留められるので、
巻き方アレンジが楽しめます。幅と長さをかえたボリュームたっぷりのスヌードは、冬本番にうれしいアイテム。

デザイン…河合真弓　制作…合田フサ子
糸…ハマナカ アメリーエル《極太》

ミニマフラー＆スヌード

Photo P.20-21

糸	ハマナカ アメリーエル《極太》（40g玉巻）
	A ベージュ（113）110g　**B** えんじ（106）320g
針	ハマナカアミアミ両かぎ針ラクラク10/0号
その他	毛糸とじ針　直径3cmのウッドボタン1個（**A**のみ）
ゲージ	模様編み　10目6段＝10cm角
サイズ	**A** 幅19cm　長さ69cm
	B 幅31cm　周囲130cm

編み方　糸は1本どりで編む。

1　作り目をする
2　模様編みを編む
3　**A** ボタンをつける／
　　B 輪にはぎ合わせる

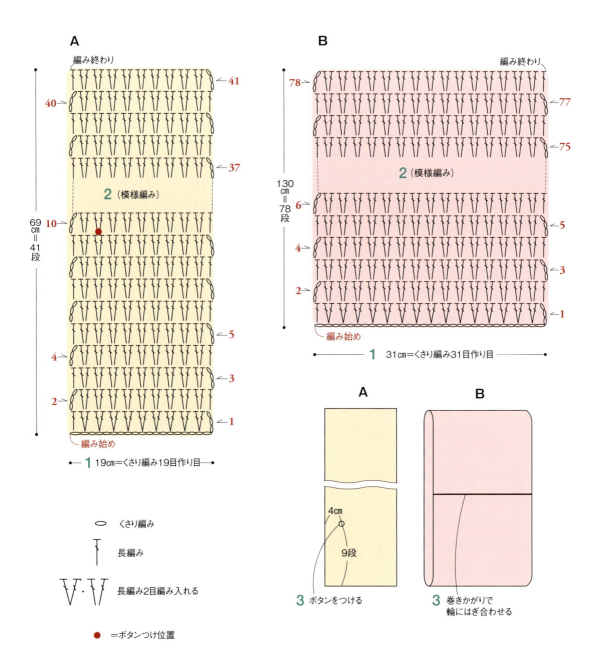

A ミニマフラーの編み方

※わかりやすいように、部分的に糸の色をかえて解説しています。

1 作り目をする

❶ 糸端を10cm残して作り目のくさり編み（P.10）を編む。

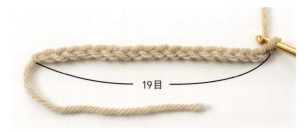

❷ 作り目のくさり編み19目が編めた。
※作り目のくさり編みは、少しゆるめに編みましょう。

2 模様編みを編む

▶1段め

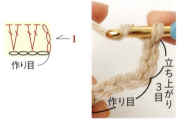

❸ 立ち上がりのくさり編み3目を編む。

〈長編み2目編み入れる〉

❹ くさり編みの5目めの裏山に針を入れて長編み（P.13）を編む。

❺ ❹と同じところに針を入れ、もう1目長編みを編む。

❻ これが長編み2目編み入れる（V）。

❼ くさり1目分をとばし、同様にVを編む。

❽ ❹〜❼をくり返して1段編む。

Point

くさり目の裏山を拾う

縁編みをしないこの作品は、作り目のくさり編みの裏山を拾って編みましょう（P.19参照）。

❾ 端まで編んだら、最後の目には長編みを1目編む。

❿ 1段めが編めた。

23

▶ 2段め

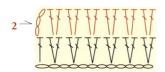

2段めは、編み地の裏側を見ながら編みます。記号図の左から右に向かって進みます。

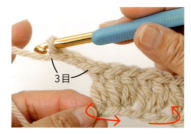

⓫ 1段めの端まで編んだら、2段めの立ち上がりのくさり3目を編む。針は動かさずに、編み地の右側を矢印のように向こう側にまわす。

※逆方向にまわすと立ち上がりの目がねじれてしまうので注意しましょう。

⓬ 針に糸をかけ、前段の 🇻 の目と目の間に針を入れて 🇻🇻 を編む。

⓭ ⓬をくり返して1段編む。

🇻 と 🇻🇻 の違い
前段の目に編み入れるときは 🇻、目と目の間に針を入れて編むときは 🇻🇻 の記号で表します。

⓮ 最後は、立ち上がりのくさり編みの3目めに針を入れて長編みを編む（→P.13の❿）。

⓯ 2段めが編めた。

▶ 3段め〜

⓰ ⓫の要領で編み地を1段ごとに返しながら、2段めと同様に41段めまで編む。

| 糸の始末

⓱ かぎ針でくさり編みを1目編み、糸端を10cm残して糸をカットして引き抜く（→P.18）。

⓲ 糸端をとじ針に通し、編み地の裏側にくぐらせる（→P.18）。

ミニマフラー＆スヌード

3 ボタンをつける

⑲ 30cmの糸をとじ針に通し、ボタンつけ位置の編み地をすくう。糸端はひと結びしておく。

⑳ 糸を引き、ひと結びした糸を割ってとじ針を通す。

㉑ 糸を引き、ボタン穴に通して⑲と同じ位置の編み地をすくう。

㉒ もう一度ボタン穴に通し、編み地の厚さ分、上から下にぐるぐると糸を巻いて糸足をつける。

㉓ 糸足に針を刺す。

㉔ 編み地の糸1本をすくう。

㉕ 輪の中にとじ針を通す。

㉖ ぎゅっと引きしめる。糸端は裏側に出して編み地にくぐらせ、糸始末をする。

B スヌードの編み方

※わかりやすいように、巻きかがりの糸の色をかえて解説しています。

1 作り目をする
2 模様編みを編む

❶ くさり編みで31目作り目をし、Aの1、2と同じ編み方で78段編む。糸端は巻きかがりに使うので120cm残してカットする。

3 輪にはぎ合わせる
〈巻きかがり〉

❷ 編み始めと編み終わりの編み地を外表に突き合わせにする。編み終わりの糸をとじ針に通す。

❸ 向こう側と手前側の端の目（くさり目のような2本の糸）に針を入れて糸を引く。もう一度同じ目に通す。

❹ 次に、向こう側から隣の目に針を入れて糸を引く。

❺ 1目ずつ、編み目全部を向こう側からすくう。端までかがり、最後の目には2度通す。糸端は編み地の裏側に通し、糸始末をする（→P.18）。

玉編みのベレー
How to make...P.27

ふっくらした玉編みの模様がかわいいベレー。伸縮性のあるリリヤン糸は編みやすく、かぶり心地もばっちりです。
トップの絞り方を覚えておくと、帽子やミトンなどいろいろなアイテムに応用できます。

| デザイン…岡 まり子
| 糸…ハマナカ ソノモノアルパカリリー

玉編みのベレー

Photo P.26

糸	ハマナカ ソノモノアルパカリリー（40g玉巻）グレー（115）80g
針	ハマナカアミアミ両かぎ針ラクラク8/0号
その他	毛糸とじ針　厚紙（10cm×6.5cm）
ゲージ	模様編み　1模様（4〜7段め）＝6.2cm、1段＝1cm強
サイズ	頭まわり49cm（伸縮性があります）

編み方　糸は1本どりで編む。

1. 作り目をして輪にする
2. クラウンを模様編みで編む
3. トップを絞る
4. 縁編みを編む
5. ボンボンをつける

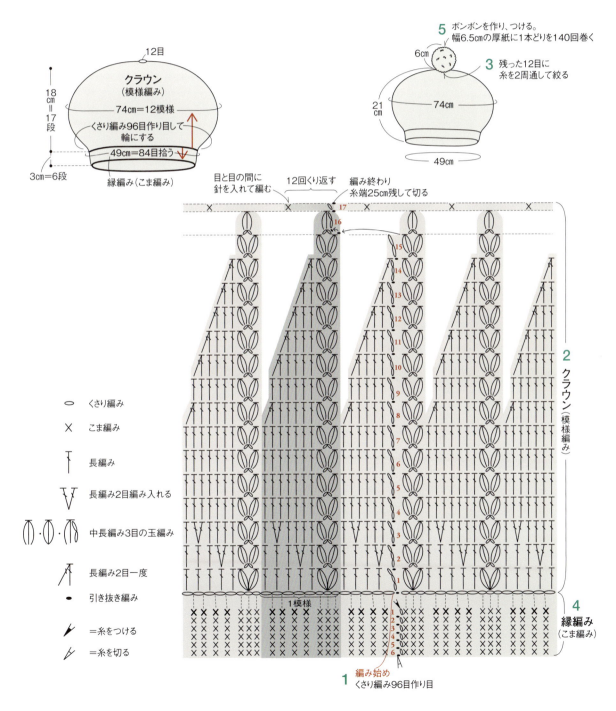

1　作り目をして輪にする

※わかりやすいように糸をかえて解説しています。針の号数も作品とは異なります。

❶ 糸端を10cm残してくさり編み（P.10）で96目作り目をする。

※作り目のくさり編みは少しゆるめに編みましょう。

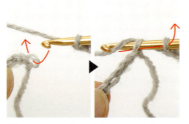

❷ 1目めの裏山に針を入れ、糸をかけてきつめに引き抜く。

※くさり編みがねじれないように注意しましょう。

❸ 作り目が輪になった。

2　クラウンを模様編みで編む

8〜17段め　減らす
4〜7段め　増減なし
1〜3段め　増す
編み始め

ゆるやかに増し、トップを減らすことでベレーのシルエットになります。

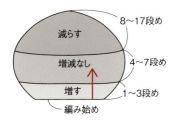

❹ 立ち上がりのくさり3目を編み、次のくさり目に針を入れて長編み（P.13）を編む。

❺ くさり1目に、長編み1目を編み入れ、合計5目（立ち上がりのくさりを含む）編む。

〈中長編み3目の玉編み〉

❻ 針に糸をかけ、くさり1目分をあけて針を入れる。

❼ 針に糸をかけ、糸を少し長めに引き出す（未完成の中長編み／P.16）。

❽ 針に糸をかけ、❻と同じところに針を入れて同様に糸を引き出す。

❾ 同じ要領で3目めの糸を引き出す。1目め、2目めが短くならないように注意。

❿ 3目の高さをそろえ、針に糸をかけて一度に引き抜く。

⓫ 中長編み3目の玉編みが編めた。

⓬ 続けてくさり編み2目を編み、❻と同じところに針を入れて（❼〜⓫）を編む。

⓭ が編めた。

玉編みのベレー

Point ⬗の頭の位置

⓮ 作り目のくさり1目分をあけて長編みを編む。このとき、★のくさり目が小さくなっているので注意。

⓯ ❺〜⓭をくり返して1段編み、最後は立ち上がりのくさりの3目めに針を入れて引き抜く。

中長編みの玉編みを編むと、玉と頭のくさり部分がずれて編めます。次の目や、次の段を編むときは編む位置を注意しましょう。

▶2段め 〈長編み2目編み入れる〉 V

⓰ 立ち上がりのくさり3目を編み、隣の目に<mark>長編みを2目編み入れる（P.17）</mark>。

⓱ 続けて長編みを3目編み、前段のくさりを束にすくって⬗を編む。Vで目を増しながら同様に1段編む。
※束にすくう（P.19）

▶3段め

⓲ P.27の記号図の指定の位置で、目を増しながら同様に編む。

⓳ 4〜7段めは増し目をせずに編む。

▶8段め 〈長編み2目一度〉 ⋀

⓴ 立ち上がりのくさり3目を編み、長編みを4目編んだら<mark>長編み2目一度（P.16）</mark>で目を減らす。

㉑ 9段めは増減なし、10〜14段めは⬗の手前の2目で⋀して目を減らしながら編む。

▶ 15段め

㉒ 立ち上がりのくさり2目を編み、🌷を編む。
※この段からは長編みを編まないので、立ち上がりのくさり編みは2目になります。

㉓ 🌷をくり返して1段編む。

㉔ 最後は、❶の頭に針を入れて引き抜く。

▶ 16段め

㉕ さらに、くさり編みの1目めにも引き抜く。
※引き抜き編みで、16段めの編み始めの位置に移動させます。

㉖ 立ち上がりのくさり2目を編み、❻〜⓫の要領で未完成の中長編みを2目編み、糸をかけて引き抜く。16段めは、🌷をくり返して1段編む。

▶ 17段め

㉗ 立ち上がりのくさり1目を編み、目と目の間に針を入れてこま編み（P.11）を編む。

3 トップをしぼる

㉘ 糸端を25cm残してカットし、とじ針に通す。

㉙ こま編みの頭の内側1本に針を通し、全目をすくう。

㉚ 糸端を少し引いて穴を小さくする。

| 糸の始末

㉛ もう一度、㉙と同じようにすくう。

㉜ 穴がなくなるまでぎゅっと絞り、糸端を編み地の裏側に出す。

㉝ 編み地にくぐらせて始末をする（→P.18）。

玉編みのベレー

4 縁編みを編む

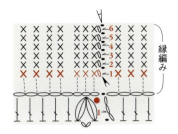

※ P.27の記号図の上下を逆にして解説しています。

㉞ 編み地の上下を逆にする。

※ 編み始めの糸端は縁編みを編み終えたら、㊳と同様に始末します。

㉟ 糸端を10cm残して新しく糸をつける。立ち上がり位置の左（図の●）に針を入れ、糸を引き出す。

㊱ 立ち上がりのくさり1目を編み、作り目を束にすくってこま編みを編む。玉編みを編み入れている目は、残っている糸2本をすくって編む。

㊲ 長編みを編み入れているところは、目と目の間を束にすくって編む。

㊳ こま編みで6段編む。糸端を10cm残してカットし、編み地の裏側にくぐらせて始末をする。

5 ボンボンをつける

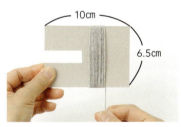

㊴ 6.5cmの厚紙の中央をカットし、糸を1本どりで140回巻く。

㊵ 巻いた糸をカットした部分に移動させ、60cmの別糸を中央に2回巻く。

※ わかりやすくするため、糸の色をかえています。実際には同じ糸で結びます。

㊶ しっかりと2回結び、厚紙からはずす。

㊷ ハサミで輪の両側をカットし、形を整える。別糸は切らずに残す。

㊸ 別糸をとじ針に通し、トップの穴から裏側に出す。別糸2本は同じ穴に入れず、1目分あけて入れる。

㊹ 裏側で結んで固定し、編み地にくぐらせて始末をする。

ソックス

How to make...P.34

ソックスは難しそうなイメージがありますが、順を追って編み進めれば必ず編み上がります。
つま先から編み始めるので、丈の長さは調整可能。**B**と**C**はフリルの縁編みで、かわいらしさをプラスしました。

デザイン…柴田 淳
糸…ハマナカ コロポックル

ソックス

Photo P.32-33

糸	ハマナカ コロポックル（25g玉巻）75g
	A 濃グレー（14） **B** オレンジ（6） **C** オフホワイト（1）
針	ハマナカアミアミ両かぎ針ラクラク3/0号
その他	毛糸とじ針
ゲージ	長編み 24目＝10cm、6段＝5cm
	模様編み 8模様21段＝10cm角
サイズ	足のサイズ24cm

編み方 糸は1本どりで編む。

1. つま先を長編みで編む
2. 底側と甲側を模様編みで編む
3. 足首を模様編みで編む
4. 縁編みを編む（**B**・**C**のみ）
5. かかとを長編みで編む

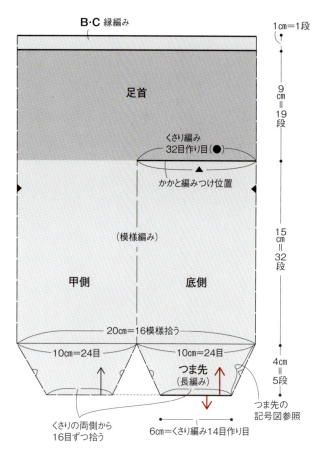

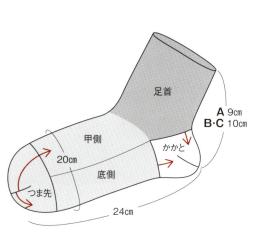

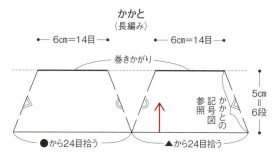

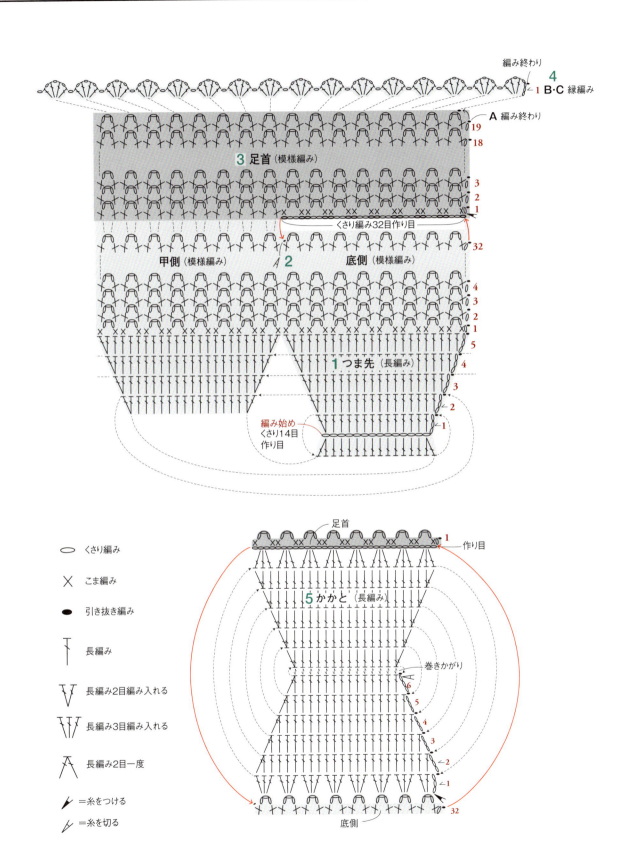

1 つま先を長編みで編む

※わかりやすいように、部分的に糸の色をかえて解説しています。

▶1段め

① 糸端を10cm残してくさり編み (P.10) で14目作り目をする。
※作り目のくさり編みは、少しゆるめに編みましょう。

② 立ち上がりのくさり3目を編み、作り目のくさりの1目めに長編み (P.13) を編んで目を増す。

〈端で増し目をする〉

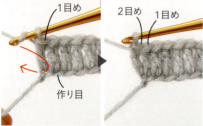

③ くさり編み1目に長編み1目を編み、最後の目には長編み2目編み入れる (P.17)。

④ 同じ目にもう2目長編みを編み入れる。端の目に、合計4目編み入れたことになる。

立ち上がりのくさり目は1目に数えるので、増し目をせずに編む場合、作り目の1目めには編み入れません。この目に編むと、長編みを2目編み入れたことになり、目が増えます (P.17参照)。

増し目をしない場合 / 増し目をする場合

1目分あける

⑤ 反対側を編む。③で拾わなかった残りの目をすくって長編みを編んでいく。端の目は2目編み入れる。

⑥ 立ち上がりのくさりの3目めに針を入れて引き抜く (P.15の7〜9)。

⑦ 1段めが編めた。

▶2段め

⑧ 立ち上がりのくさり3目を編み、同じ目に針を入れて長編みを編む。

⑨ 前段の長編みに長編みを編んでいく。

⑩ 1段めと同じ要領で、両端で目を増しながら5段編む。つま先が編めた。

ソックス

2 底側と甲側を模様編みで編む

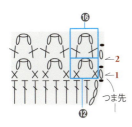

▶ 1段め

⑪ 模様編み1段め。立ち上がりのくさり1目を編む。

⑫ <mark>こま編み (P.11)</mark> 1目、くさり3目を編み、前段の長編み1目分をあけてこま編みを編む。

※最初のこま編みは、前段の立ち上がりのくさり3目めに編み入れます。

⑬ ⑫をくり返して1段編む。

⑭ 1段めの最後は、⑫のこま編みの頭に引き抜く。

⑮ 1段めが編めた。

▶ 2段め

⑯ 立ち上がりのくさり1目を編み、前段のくさりループを束にすくってこま編み1目、くさり3目、こま編み1目を編む。
※束（そく）にすくう（P.19参照）

⑰ ⑯をくり返して1段編む。

⑱ 2段めと同様に、32段めまで編む。

Point かぎ針編みのソックスについて

かぎ針編みのソックスは、市販のソックスに比べて伸びません。この作品は、比較的伸縮性のある編み地ですが、小さく編み上がってしまうとはけなくなってしまうので、必ずゲージをとってから編みましょう。甲と底を編んだ段階で、自分の足に対して小さく感じたら、段数を増やすことをおすすめします。

3 足首を模様編みで編む

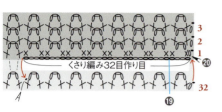
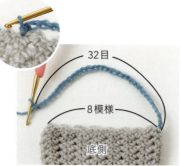

⑲ くさり編み32目を編んで8模様先のこま編みの頭に引き抜く。糸端を10cm残してカットする。

※実際には⑱から続いている糸で編みます。

> **くさり編みはゆるめに編む**
>
> くさり編みがきついとかかとが入らなくなってしまうで、ややゆるめに編みましょう。編み地を横に伸ばしたときの長さと、同じくらいの長さが目安です。

⑳ ⑲のくさりの1目めに糸端を10cm残して新しく糸をつけ、立ち上がりのくさりを編む。

㉑ くさりの目を拾い、こま編み1目、くさり3目、こま編み1目を編む。

㉒ くり返して8模様編む。

㉓ 甲側は前段から続けて模様編みで編む。

㉔ 1段編んだら、最初のこま編みの頭に引き抜く。

㉕ 19段めまで編む。**B・C**は続けて縁編みを編む(㉖へ)。**A**は糸端を10cm残してカットし㉙へ。

4 縁編みを編む(B・Cのみ)

㉖ 19段めのくさりのループを束にすくって引き抜き、立ち上がりのくさり3目を編む。

㉗ くさり1目を編み、くさりのループをすくって ⊤ と ○ を交互に6目編む。

㉘ をくり返して1段編み、糸端を10cm残してカットする。

ソックス

5 かかとを長編みで編む

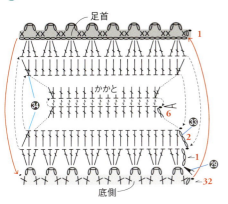

㉙ 底側のあき口の32段めのループに、糸端を10cm残して新しく糸をつける。

㉚ 立ち上がりのくさり3目を編み、束にすくって長編みを2目編む。

㉛ 次のループからは長編みを3目編み入れる。

㉜ 足首側も同様に、くさりのループに3目ずつ長編みを編む。

㉝ 2段め。立ち上がりのくさり3目を編み、隣の長編みに長編みを編む。
※立ち上がりのくさり3目とこの長編みで2目一度にし、目を減らします(P.17参照)。

〈長編み2目一度〉

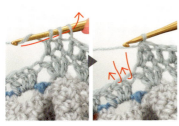

㉞ 底側の最後の2目を**長編み2目一度(P.16)**する。その次の2目も同様に2目一度。

㉟ 2段めの最後の2目も2目一度をし、長編みの頭に針を入れて引き抜く。
※立ち上がりのくさりではなく、長編みの頭に引き抜くことで目を減らします。

㊱ 両側で目を減らしながら6段編む。糸端を約25cm残してカットする。

〈巻きかがり〉 | 糸の始末

㊲ 編み終わりの糸をとじ針に通す。編み地を合わせ、長編みの頭をすくって**巻きかがり(P.25の❸~❺)**ではぎ合わせる。

㊳ かかとが編めた。

㊴ 糸端を編み地の裏側にくぐらせて始末する**(→P.18)**。もう片方も同様に編む。

つば広ハット
How to make...P.41

人気のレーヨン糸・エコアンダリヤで編む、春夏の帽子。トップからブリムに向かって、
増し目をしながらぐるぐる編みます。シンプル&ベーシックなデザインなので、一つ編めばずっと使えるアイテム。

デザイン…橋本真由子
糸…ハマナカ エコアンダリヤ

つば広ハット

糸	ハマナカ エコアンダリヤ（40g玉巻）
	ベージュ（23）140g
針	ハマナカアミアミ両かぎ針ラクラク5/0号
その他	毛糸とじ針　段目リング
ゲージ	こま編み　20目21段＝10cm角
サイズ	頭まわり56cm

編み方　糸は1本どりで編む。

1. クラウンを編む
2. ブリムを編む
3. ひもとひもどめを編み、クラウンにつける

目数と増し方

段	目数	増し方
ブリム		
18	224目	増減なし
17	224目	16目増す
15・16	208目	増減なし
14	208目	16目増す
12・13	192目	増減なし
11	192目	16目増す
9・10	176目	増減なし
8	176目	16目増す
6・7	160目	増減なし
5	160目	16目増す
4	144目	増減なし
3	144目	16目増す
2	128目	増減なし
1	128目	16目増す
クラウン		
23〜38	112目	増減なし
22	112目	8目増す
18〜21	104目	増減なし
17	104目	8目増す
16	96目	増減なし
15	96目	毎段8目増す
14	88目	
13	80目	増減なし
12	80目	毎段8目増す
11	72目	
10	64目	増減なし
9	64目	毎段8目増す
8	56目	
7	48目	
6	40目	
5	32目	増減なし
4	32目	毎段8目増す
3	24目	
2	16目	
1	8目編み入れる	

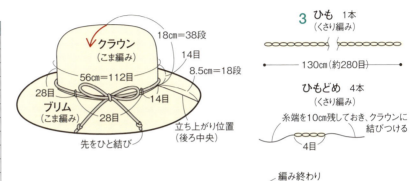

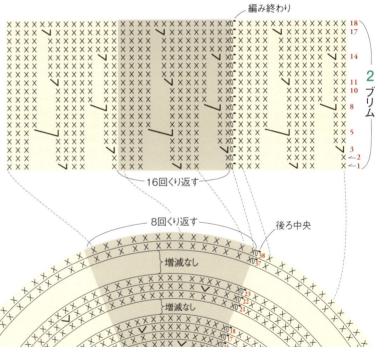

- ○ くさり編み
- × こま編み
- ● 引き抜き編み
- ∨＝⩔ こま編み2目編み入れる

> check ※P.50の「エコアンダリヤの扱い方」を読んでから編み始めましょう。　　※わかりやすいように、部分的に糸の色をかえて解説しています。

1　クラウンを編む

▶編み始め〜1段め

❶ 糸端を10cm残して糸端を輪にする作り目（P.15）をし、立ち上がりのくさり編み（P.10）を編む。

❷ こま編み（P.11）を8目編み入れる。
※立ち上がりのくさりは、1目に数えません（P.19参照）。

❸ 一度かぎ針をはずす。編み目を指で押さえて糸端を引っ張り、中央の輪を縮める。

〈引き抜き編み〉

❹ かぎ針を戻し、最初のこま編みの頭に引き抜く（P.15の7〜9）。

針を入れる位置
1段めの立ち上がり
こま編みの頭
こま編みの頭（上のくさり2本）をすくって引き抜きます。

▶2段め

〈こま編み2目編み入れる〉 ∨ = ⩔

❺ 立ち上がりのくさり1目を編み、こま編みを編む。

❻ 続けて、同じところに針を入れ、もう1目こま編みを編む。

❼ これがこま編み2目編み入れる ⩔（P.17）。目が1目増えた。

❽ 2段めは、すべて ⩔ で1段編む。最後は、最初のこま編みの頭に引き抜く。

Point　引き抜き編みの目に編まないように

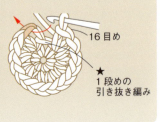

★は、前段の引き抜き編みの目。ここに編み入れないように注意しましょう。編んでしまうと、目数がどんどん増えてしまいます。最後は、最初のこま編みの頭に引き抜きます。

16目め
★
1段めの引き抜き編み

つば広ハット

▶ 3〜38段め

❾ 3段めは、✕ と ✧ を交互に1段編む。4段め以降も図の指定の位置で ✧ をして目を増しながら編み、毎段、最後は引き抜く。

クラウンは、P.41の図の ▼ 部分を8回くり返します。編み図の全部を追わなくても、この部分だけを見てくり返して編めばOKです。

❿ 38段めまで編む。クラウンが編めた。お椀のような形になる。

2 ブリムを編む

⓫ 続けてブリムを編む。図の指定の位置で ✧ をして、目を増す。

ブリムは ▭ 部分を16回くり返します。

| 糸の始末

⓬ 糸端は10cm残してカットする。糸端をとじ針に通し、編み地の裏側にくぐらせる（→P.18）。

3 ひもとひもどめを編み、クラウンにつける

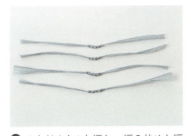

⓭ ひもを編む。くさり編みで130cm（約280目）編み、糸端は編み地の端にくぐらせて始末する。

⓮ ひもどめを4本編む。編み始めと編み終わりの糸端を10cmずつ残し、くさり4目を編む。
※実際にはベージュで編みます。

⓯ クラウンの37、38段めの4カ所にひもどめをつける。つけ位置に段目リングで印をつけておく。

⓰ ひもどめの端をとじ針に通し、糸端が裏側にくるように編み地に通す。

⓱ 裏側で、糸端をひと結びして固定し、編み地にくぐらせる。

⓲ ひもどめにひもを通し、リボン結びをする。ひも先をひと結びする。

かごバッグ

How to make…P.46

A

ころんとした形がかわいいマルシェバッグ。**A**はエコアンダリヤのボーダーで、カジュアルな夏仕様。
エコアンダリヤとモヘア糸の2本どりで編む**B**と**C**は、冬の装いにも似合うデザインです。

デザイン…橋本真由子
糸…**A** ハマナカ エコアンダリヤ　**B・C** ハマナカ エコアンダリヤ／ハマナカ モヘア

かごバッグ

Photo P.44-45

糸	A ハマナカ エコアンダリヤ (40g玉巻)
	ベージュ (23) 105g　グリーン (17) 50g
	B ハマナカ エコアンダリヤ (40g玉巻)　ライムイエロー (19) 190g
	ハマナカ モヘア (25g玉巻) オフホワイト (61) 100g
	C ハマナカ エコアンダリヤ (40g玉巻)　レトロブルー (66) 190g
	ハマナカ モヘア (25g玉巻) オフホワイト (61) 100g
針	ハマナカアミアミ両かぎ針ラクラク　A 6/0号　B・C 7/0号
その他	毛糸とじ針　段目リング
ゲージ	こま編み、模様編み　A 19目18.5段=10cm角　B・C 15目15段=10cm角
サイズ	図参照

編み方　Aは糸1本どり、B・Cはエコアンダリヤとハマナカモヘアの2本どりで編む。

1　底を編む
2　側面を模様編みで編む
3　入れ口と持ち手を編む

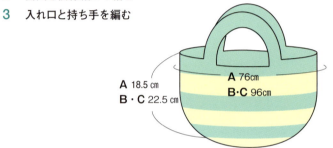

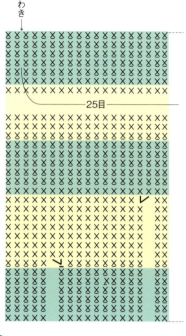

※指定以外はA〜C共通

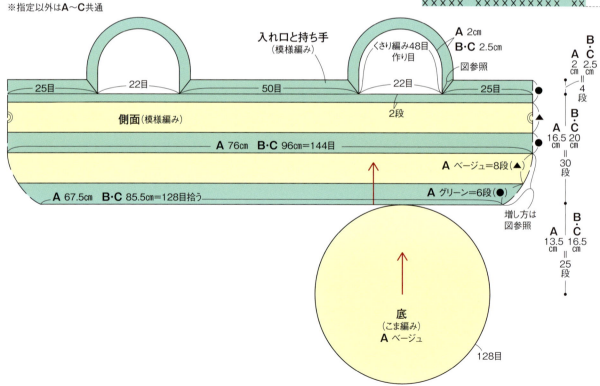

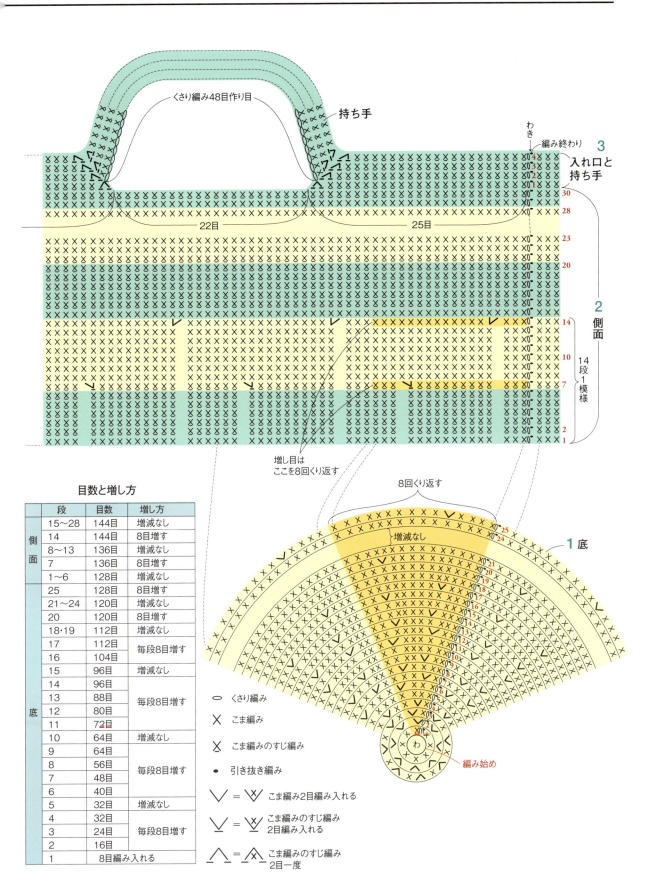

Aの編み方

※わかりやすいように、部分的に糸の色をかえて解説しています。

1 底を編む

※P.50の「エコアンダリヤの扱い方」を読んでから編み始めましょう。

❶ ベージュで編み始める。P.42「つば広ハット」の1の❶〜❾と同様に編む。

❷ P.47の図を見ながら、指定の位置で目を増して25段めまで編む。25段めの最後の引き抜き編みはしない。

2 側面を模様編みで編む

▶1段め

❸ 25段めの最後の引き抜き編みをするときに、グリーンの糸にかえる。グリーンの糸は、糸端を10cm残して引き抜く。

❹ 続けてグリーンで、立ち上がりのくさり1目を編み、こま編みで1段編む。

目がゆるまないように
新しくつけた糸はゆるみやすいので、数目編むまで指で糸端を押さえながら編み進めましょう。

▶2段め 〈こま編みのすじ編み〉 ╳

❺ 立ち上がりのくさり1目を編んだら、前段の目の向こう側1本だけすくってこま編みと同様に編む。

❻ 前段のこま編みの手前側の1本が残ってすじができる。

❼ こま編みのすじ編みで6段めまで編む。最後の引き抜き編みのときに、ベージュにかえる。

▶7段め 〈こま編みのすじ編み2目編み入れる〉

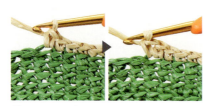
❽ 7段めも で編む。12目編んだら、同じ目にこま編みのすじ編みを2目編み入れる。
※色がかわる1段めは前段と同じ編み方で編みます。

❾ 図を見ながら配色し、╳と をくり返して30段めまで編む。14段めにも があるので注意。

Point 色のかえ方

色をかえるときは、それぞれ糸端を10cm残してカットします。細いボーダーの場合は切らずに糸を渡すこともありますが、この作品のように幅が広い場合、その都度糸を切り、最後に糸始末をしましょう。

かごバッグ

3 入れ口と持ち手を編む

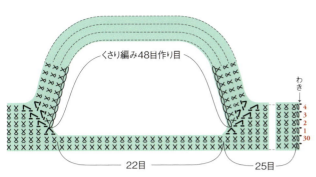

⑩ 持ち手を編み始める位置に段目リングで印をつけておく。

〈こま編みのすじ編み2目一度〉 ⋏

⑪ 立ち上がりから23目こま編みのすじ編みを編む。

⑫ 1目めの向こう側1本に針を入れて糸を引き出し、次の目からも同様に糸を引き出す。

⑬ 針に糸をかけ、一度に引き抜く。

⑭ ⋏ が編めた。

⑮ 続けて持ち手のくさり編みを48目編み、左側も ⋏ をし、╳ を編んでいく。

⑯ もう一方の持ち手も同様に編む。これが持ち手の土台になる。

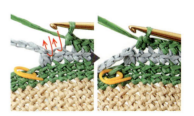

⑰ 次の段は、22目編んだら2目一度する。

| 糸の始末

⑱ 持ち手はくさり編みの裏山を拾いながら（→P.19／作り目の拾い方）、こま編みで編む。

⑲ 3、4段めは、持ち手もすべてこま編みのすじ編みで編む。

⑳ 糸端を10cm残してカットし、編み地の裏側にくぐらせる（→P.18）。配色した糸も、すべて始末する。

B・C の編み方

エコアンダリヤとハマナカモヘアの2本どりで、配色せずにAと同じ要領で編みます。

❶ それぞれの糸玉の内側から糸を出す。

❷ 2本の糸をそろえて編む。

> **Point** きれいに編むコツ
>
> 2本の糸をしごいて糸のたるみをなくすときれいに編めます。指に糸をかけるときは、「どちらの糸が上」と決めない方が、色がランダムにあらわれて面白い表情になります。

引きそろえのカラーバリエーション

違う糸（色）を2本どりで編むことを「引きそろえ」と言います。
選ぶ色によって、印象ががらりと変わるので、自分好みの組み合わせを見つけましょう。

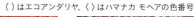
（　）はエコアンダリヤ、〈　〉はハマナカ モヘアの色番号

ネイビー(72) × グレー〈63〉

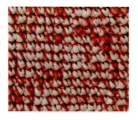
オフホワイト(168) × 赤〈35〉

ピンク(71) × パープル〈100〉

茶 (16) × 白〈1〉

> **Point** エコアンダリヤの扱い方
>
> ●糸の取り出し方
>
> エコアンダリヤは袋に入れたまま、ラベルをはずさずに糸玉の内側から糸端を出して使います。ラベルをはずすと、糸がどんどんほどけてしまうので気をつけましょう。
>
>
>
> ●編み方
>
> 編み進めると編み地がうねってくることがありますが、心配せずにそのまま編んで大丈夫。編み地から2〜3cm浮かせてスチームアイロンをあてて手で整えると、編み目がそろい、形がきれいになります。
>
>
>
> ●仕上げ方
>
> 作品が編めたら中に新聞紙などをつめ、編み地から2〜3cm浮かせてスチームアイロンをあてます。形を整え、乾くまでそのまま置いておくときれいに仕上がります。帽子のクラウンやバッグの底など、途中の段階でもスチームをあてて形や編み目を整えると気持ちよく続きが編めます。
>
>

Column   かぎ針編み Q & A 〈1〉

Q かぎ針が目から外れてしまったら？

A 目から針が外れてしまったときは、目がねじれないように注意して正しい向きで針を戻します。針の手前側に、糸玉とつながっている方の糸がきます。

Q 作り目の数が多すぎたら？

A 1段めを編んだときに「作り目の数が多過ぎた！」と気がついたときは、編み始めの目をほどくことで作り目を減らせます。
作り目が少なかったときに、編み足すことはできないので、目数が多くて心配な場合は多めに作りましょう。

Q 途中で糸がなくなったらどうするの？

※わかりやすいように新しい糸の色をかえて解説しています。

A 往復編みのときは段の編み終わりでかえるのが、糸始末が目立たずおすすめですが、「段の途中で糸がなくなってしまった」という場合、途中でもかえられます。糸のギリギリまで編んでしまうと糸始末ができなくなってしまうので、新しい糸も前の糸も糸端を10cmくらい残しておき、最後に始末します。

●段の端でかえる場合

1 最後の目を引き抜くときに、新しい糸を針にかけて引き抜く。

2 引き抜いたところ。糸端が抜けないように押さえ、続けて編んでいく。糸端はP.18の要領で編み地にくぐらせる。

●段の途中でかえる場合

1 最後の目を引き抜くときに新しい糸にかえ、糸端が抜けないように押さえながら編んでいく。

2 編み地の裏側でひと結びしておくと糸が抜けず安心。ただ、太糸の場合は結び目がごろごろして気になるので、P.18の要領で編み地にくぐらせるか、編みくるみましょう（P.83参照）。

模様編みのストール

How to make...P.53

透け感がきれいな長方形のストール。細めの糸なので少し時間はかかりますが、くり返し模様だから編み方はかんたん。かぎ針編みらしい、繊細な模様が楽しめます。

| デザイン…河合真弓　制作…石川君枝
| 糸…**A** ハマナカ 純毛中細　**B** ハマナカ モヘア

模様編みのストール

Photo P.52

糸	A ハマナカ 純毛中細（40g玉巻）ミントブルー（34）155g
	B ハマナカ モヘア（25g玉巻）淡茶（92）160g
針	ハマナカアミアミ両かぎ針ラクラク4/0号
その他	毛糸とじ針
ゲージ	A 模様編み　28目16段が10cm
	B 模様編み　28目14段が10cm
サイズ	幅32cm　長さ A 141cm　B 160.5cm

編み方　糸は1本どりで編む。

1. 作り目をする
2. 模様編みを編む
3. 縁編みを編む

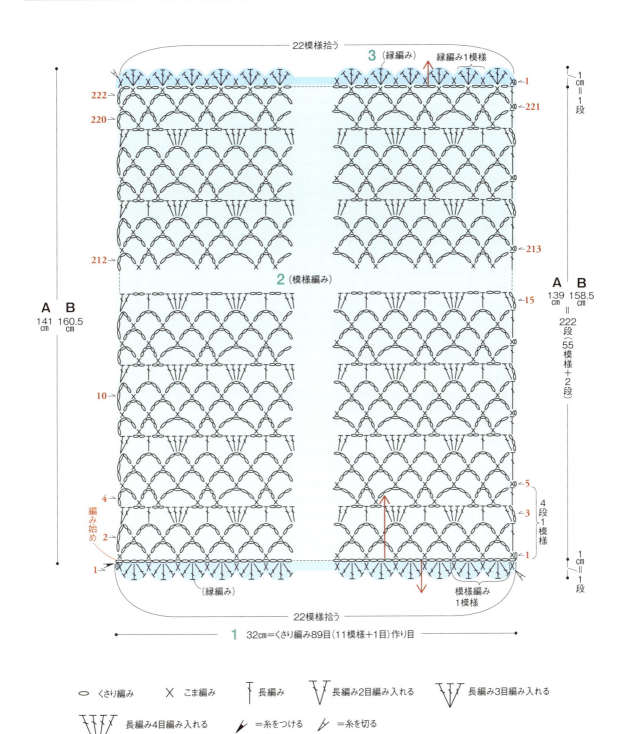

1 作り目をする

※Aの作品で解説しています。
※わかりやすいように、縁編みの糸の色をかえて解説しています。

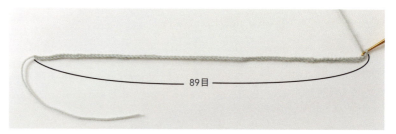

❶ 糸端を10cm残して作り目のくさり編み(P.10)を編む。

❷ 作り目のくさり編み89目が編めた。
※作り目のくさり編みは、少しゆるめに編みましょう。

2 模様編みを編む

▶ 1段め

作り目から続けて1段めを編みます。記号図の右から左に向かって編み進みます。

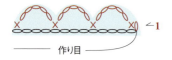

❸ 立ち上がりのくさり1目を編み、隣の目に針を入れてこま編み(P.11)を編む。

❹ 続けてくさり5目を編み、くさり3目分をあけてこま編みを編む。

❺ ❹をくり返して端まで編む。

❻ 1段めが編めた。くさり編みのループが22山できる。

編み地の名称と、「模様編み」について

編み図の中には、(○○編み)という、編み地の名称が記されています。一つだけの編み方でできている編み地は、その編み方によって(こま編み)(長編み)などと言いますが、複数の編み方を組み合わせた編み地の場合、まとめて(模様編み)と言います。一つの作品に異なる模様編みが何種類か出てくる場合は、(①模様編み)(②模様編み)として区別をします。また、本体の縁や周囲に編むものを(縁編み)と言います。

模様編みのストール

▶ 2段め

2段めは、編み地の裏側を見ながら編みます。記号図の左から右に向かって編み進みます。

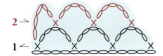

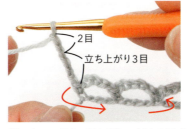

❼ 1段めの端まで編んだら、くさり5目（2段めの立ち上がり3目＋2目）編む。針は動かさずに、編み地の右側を矢印のように向こう側にまわす。

※逆方向にまわすと立ち上がりの目がねじれてしまうので注意しましょう。

❽ 前段のくさりのループを束にすくってこま編みを編む。

❾ くさり5目、こま編み1目をくり返して端まで編む。

束にすくう
目に編み入れずに、くさりのループごとすくって編むことを「束にすくう」と言います（P.19参照）。

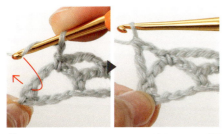

❿ 最後は前段のこま編みの頭に針を入れて、長編み（P.13）を編む。

⓫ 2段めが編めた。

Point

編み地の端は目に編み入れる

この作品は前段を束にすくって模様を編みますが、編み地の端は必ず目に編み入れます。束にすくってしまうと端が固定されず、ガタガタになってきれいに仕上がりません。

▶ 3段め

3段めは、編み地の表側を見ながら編みます。記号図の右から左に向かって編み進みます。

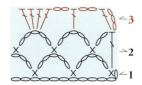

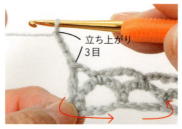

⓬ 立ち上がりのくさり3目を編んだら、❼と同様に編み地をまわす。

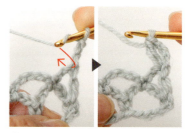

⓭ 前段の長編みの頭に針を入れて長編みを編む。

⓮ 続けてくさり2目を編み、前段のくさりのループを束にすくって長編みを編む。

⓯ くさり2目を編み、次のループには長編みを4目編む。⓮、⓯をくり返して端まで編む。

〈長編み2目編み入れる〉

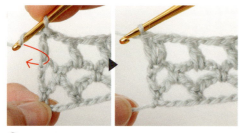

⓰ 最後は前段のくさりの3目めに針を入れて、長編み2目編み入れる（P.17）。

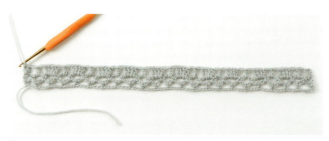

⓱ 3段めが編めた。

▶ 4段め

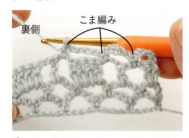

⓲ 2段めと同様にくさり5目編んだら編み地をまわし、裏側を見て編む。前段のくさり2目のところを束にすくってこま編みを編む。

⓳ 1～4段めで1模様になる。これをくり返して221段めまで編む。

▶ 222段め（最終段）

⓴ 最終段はくさり3目、くさりのループを束にすくってこま編み1目をくり返して編む。

模様編みのストール

3 縁編みを編む
〈長編み3目編み入れる〉

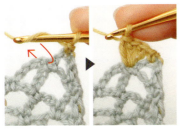

㉑ 模様編みから続けて、縁編みを編む。前段の長編みの頭にくさり1目、こま編み1目を編み、模様編み最終段のこま編みに長編みを3目編み入れる。

㉒ くさりのループを束にすくってこま編みを編む。

㉓ ㉑、㉒をくり返して1段編む。糸端を10cm残してカットする。

▶ 編み始め側

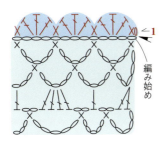

※P.53の記号図の上下を逆にして解説しています。

㉔ 編み地の上下を逆にし、作り目のくさりに編む。端のくさり目に針を入れ、糸端を10cm残して新しく糸をつける。

㉕ くさり1目、こま編み1目を編み、作り目のくさりのループを束にすくって長編みを3目編む。

| 糸の始末

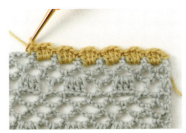

㉖ 次にこま編みを編む。

㉗ ㉕、㉖をくり返して1段編む。糸端を10cm残してカットする

㉘ 糸端をとじ針に通し、編み地の裏にくぐらせる（→P.18）。

モヘア糸について

モヘアとは、アンゴラヤギの毛からできた毛足の長い糸。ふんわりとやわらかな風合いで、同じ編み方でもモヘア糸で編むと違った印象に仕上がります。モヘア糸は、編み間違えてほどくと糸が絡まりやすいため、慣れるまではストレートの糸（P.4参照）で練習してから編みましょう。

57

ミトン&ハンドウォーマー

How to make...P.60

引き上げ編みで編むアラン模様。リーフのような立体的な模様が魅力の、手編みならではのデザインです。
少しだけ根気が必要ですが、編み方写真を見ながらゆっくり丁寧に編んでみて。

デザイン…岡 まり子
糸…ハマナカ ソノモノアルパカウール《並太》

B

ミトン&ハンドウォーマー

Photo P.58-59

糸	ハマナカ ソノモノアルパカウール《並太》(40g玉巻)
	A ベージュ (62) 95g　**B** 茶色 (63) 65g
針	ハマナカアミアミ両かぎ針ラクラク5/0号、6/0号
その他	毛糸とじ針
ゲージ	①模様編み　21目=10cm、7段=5.5cm
	②模様編み　19目13.5段=10cm角
	③模様編み　20目13.5段=10cm角
サイズ	**A** 手のひらまわり20cm　丈23.5cm
	B 手のひらまわり20cm　丈16.5cm

編み方　糸は1本どりで編む。

1. 作り目をして輪にする
2. 手首を①模様編みで編む
3. 甲側を②模様編み、手のひら側を③模様編みで編む
4. 親指穴をあける
5. 指先の減らし目をする(**A**のみ)
6. **A**　親指を③模様編みで編む／
   B　親指穴まわりをこま編みで編む

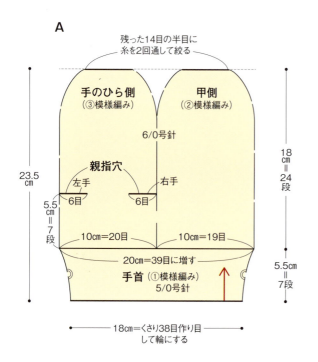

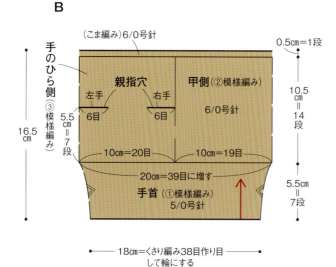

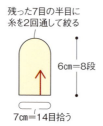

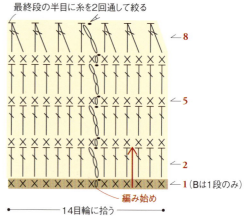

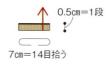

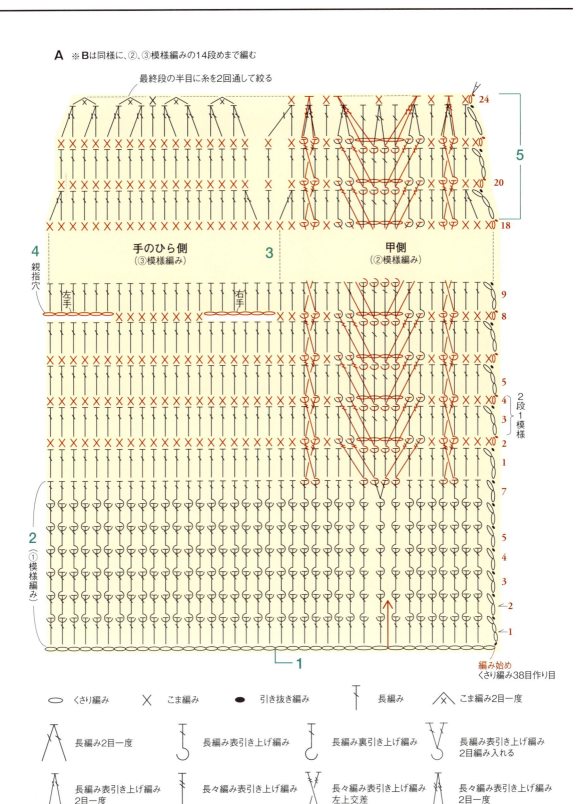

A ミトンの編み方

※左手で解説しています。右手は親指穴の位置をかえて同様に編みます。
※わかりやすいように、部分的に糸の色をかえて解説しています。

1 作り目をして輪にする

❶ 糸端を10cm残し、5/0号針で、くさり編み（P.10）で38目作り目をする。
※作り目のくさり編みは少しゆるめに編みましょう。

❷ 1目めの裏山に針を入れ、糸をかけてきつめに引き抜く。
※くさり編みがねじれないように注意しましょう。

❸ 作り目が輪になった。

2 手首を ①模様編みで編む

▶1段め

❹ 立ち上がりのくさり3目を編む。続けて針に糸をかけ、隣のくさり目の裏山に針を入れて長編み（P.13）を編む。

❺ 同様に長編みで1段編み、最後は立ち上がりのくさりの3目めに引き抜く。

❻ 1段めが編めた。

▶2段め 〈長編み表引き上げ編み〉

❼ 立ち上がりのくさり2目を編み、針に糸をかけ、前段の長編みの足を矢印のようにすくう。

❽ 針に糸をかけ、前段の目や隣の目がつれないように長めに糸を引き出す。

Point

立ち上がりはくさり2目

長編みの引き上げ編みは、前段の足をすくって編むので、長編みに比べて高さが出ません。そのため立ち上がりのくさり編みは2目になります。

❾ 針に糸をかけて引き抜く。

❿ さらに針に糸をかけて引き抜く。が編めた。

ミトン&ハンドウォーマー

〈長編み裏引き上げ編み〉

⑪ 針に糸をかけ、前段の長編みの足を矢印のように裏側からすくう。

⑫ 前段の目や隣の目がつれないように長めに糸を引き出す。

⑬ 針に糸をかけて引き抜く。

⑭ さらに針に糸をかけて引き抜く。 が編めた。

⑮ と を1目ずつ交互にくり返して1段編む。

⑯ 3段めからは、前段の と の足をすくい、前段と同じ記号で6段めまで編む。

Point
引き上げ編みの特徴

引き上げ編みは、前段や前々段の目の足をすくって編む編み方。「足をすくう」こと以外は、 部分のない記号と編み方は同じなので、難しそうに見えますが簡単に編めます。糸を引き出すときに、長めに引き出すことが重要です。立体的な編み地が編み上がります。

▶7段め 〈長編み表引き上げ編み2目編み入れる〉

⑰ 立ち上がりのくさり2目を編み、 と を交互に4回ずつ編んだら、目を増やす。まず を1目編む。

⑱ 同じところをすくって をもう1目編む。 が編めた。

3 甲側を②模様編み、手のひら側を③模様編みで編む。

▶ 1段め

▶ 2段め

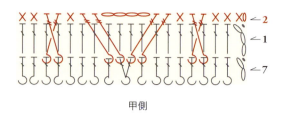

甲側

⑲ 針を6/0号針にかえ、長編みを1段編む。

〈長々編みの表引き上げ編み左上交差〉

⑳ 立ち上がりのくさり1目、こま編み（P.11）を3目編んだら、長編み表引き上げ編みの要領で、針に糸を2回かけ、1目先の前々段の長編み裏引き上げ編みの足をすくい、長々編み表引き上げ編み（ ）を編む。

㉑ ⑳で編んだ目の手前を通るようにして、1目前の長編み表引き上げ編みの足をすくい、 を編む。 が編めた。

㉒ こま編みを1目編み、2目先の前々段の足をすくって を編む。

㉓ 針に糸を2回かけ、次の目にも、同様に を編む。

㉔ 続けてくさり4目を編み、㉓の隣の目の足をすくって を編む。

㉕ もう1目 を編む。

㉖ 次のこま編みは前段に編む。㉓〜㉕の目は、前段には編みつけていないので浮いた状態。

㉗ 続けて1目先の前々段の足をすくって⑳、㉑と同様に を編む。手のひら側はすべてこま編みで1段編む。

64

ミトン＆ハンドウォーマー

▶ 3段め

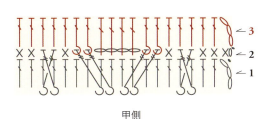

甲側

㉘ 立ち上がりのくさり3目を編み、長編みを5目編む。次に前段の ⌇ の足をすくって ⌇ を2目編む。

㉙ 次は前段のくさり目を編みくるんで前々段に長編みを編む。

㉚ 同様に4目編み、次の目は㉘と同様に ⌇ を2目編む。

㉛ 甲側も手のひら側も残りの目はすべて長編みを編む。

▶ 4段め

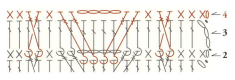

甲側

㉜ 立ち上がりのくさり1目、こま編み3目を編み、前々段の ⌇ の足をすくって、✗ を編む。

㉝ こま編み1目を編み、1段めの長編みの足をすくって ⌇ を編む。2段めの ⌇ をよけるようにして針を入れる。

㉞ 隣の目にも同様に編む。続けてくさり4目を編み、左側も㉝、㉞と同様に編む。

㉟ こま編みを1目編み、㉜と同様に ✗ を編む。手のひら側はすべてこま編みで1段編む。

㊱ 3、4段めをくり返して、8段めの親指穴の手前まで編む。

65

4 親指穴をあける

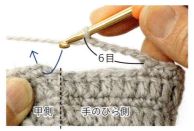

㊲ 手のひら側の残り6目の位置でくさり編みを6目編んで穴を作り、引き抜く。

㊳ 次の段で、くさり編み1目に長編み1目を編む。
※くさりの半目と裏山をすくって編むと、あとから親指を編むときに編みやすい (P.19参照)。

5 指先の減らし目をする

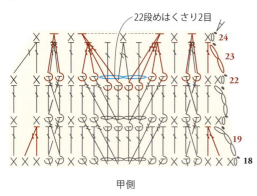

甲側

▶19段め
〈長編み2目一度〉

㊴ 3、4段めをくり返して18段めまで編み、19段めから減らし目をする。

㊵ 立ち上がりのくさり3目を編み、次の2目を長編み2目一度 (P.16) をする。4カ所、同様に目を減らす。

▶23段め

〈長編みの表引き上げ編み2目一度〉

㊶ 立ち上がりのくさり編み2目を編み、長編みを編む。
※2目一度したことになります (P.17参照)。

㊷ 前段の ⫟ 2目の足をそれぞれすくって糸を引き出し、未完成の長編み (P.16) の要領で編み、一度に引き抜く。図の指定の位置で、 と をしながら目を減らす。

▶24段め 〈長々編みの表引き上げ編み2目一度〉

㊸ 前々段の ⫟ の足をすくい、未完成の長々編み (P.16) の要領で2目編み、一度に引き抜く。

〈こま編み2目一度〉

㊹ 手のひら側は4カ所こま編み2目一度 (P.16) で目を減らす。

ミトン&ハンドウォーマー

糸の始末

㊺ 最後の引き抜き編みを編んだら、糸端を15cm残してカットする。

㊻ とじ針に糸を通し、P.30の㉙〜㉜を参照して指先を絞る。

裏側

㊼ 糸端を裏側に出して編み地にくぐらせて、始末をする（→P.18）。

6 親指を ③模様編みで編む

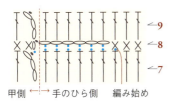

甲側　手のひら側　編み始め

親指の拾い位置

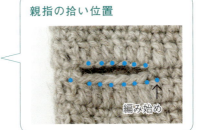

編み始め

㊽ 糸端を10cm残して新しく糸をつける。図の編み始めの位置に針を入れて引き出す。

㊾ ●の目を拾いながら、こま編みを1段編んで引き抜く。

㊿ こま編みと長編みを1段ごと交互に7段まで編む。最終段で目を減らし、㊺、㊻と同様に指先を絞り、糸の始末をする。

B ハンドウォーマーの編み方

※わかりやすいように、部分的に糸の色をかえて解説しています。

Aの1〜4と同様に、親指穴をあけながら14段めまで編みます。

前段のくさり目を編みくるんで前々段に編み入れる

▶こま編み1段め

❶ 全目こま編みで編む。前段がくさり編みの目は、くさりを編みくるんで、前々段に針を入れて編む。

▶親指穴まわり

❷ Aの㊽、㊾と同様に1段編んで引き抜く。糸端を10cm残してカットし、裏側に通して糸始末をする（→P.18）。

67

A

花モチーフのストール&マフラー
How to make…P.70

小花のようなモチーフをつなぎながら編む、ストールとマフラー。ストールは真っ白で可憐なイメージに。
配色アレンジで雰囲気をかえた**B**は、クローバー風の縁編みもポイントです。

| デザイン…遠藤ひろみ
| 糸…**A** ハマナカ エクシードウールFL《合太》 **B** ハマナカ アメリー/ハマナカ 純毛中細/ハマナカ ワルツ

B

花モチーフのストール&マフラー

Photo P.68-69

糸	A ハマナカ エクシードウール FL《合太》（40g玉巻）白（201）260g
	B ハマナカ アメリー（40g玉巻）
	チョコレートブラウン（9）、クリムゾンレッド（5）各10g
	ハマナカ 純毛中細（40g玉巻）生成り（2）50g　ベージュ（3）45g
	ハマナカ ワルツ（25g玉巻）赤いカーキ系（7）40g　ライトグレー系（1）35g
針	ハマナカアミアミ両かぎ針ラクラク5/0号
その他	毛糸とじ針
モチーフの大きさ	A 6cm角　B 6.5cm角
サイズ	A 34cm×142cm　B 20.5cm×134.5cm

編み方
Aは糸1本どりで編む。
Bは指定の糸で編む。

1. モチーフを編む
2. 2枚めからは、最終段でつなぎながら編む
3. 縁編みを編む

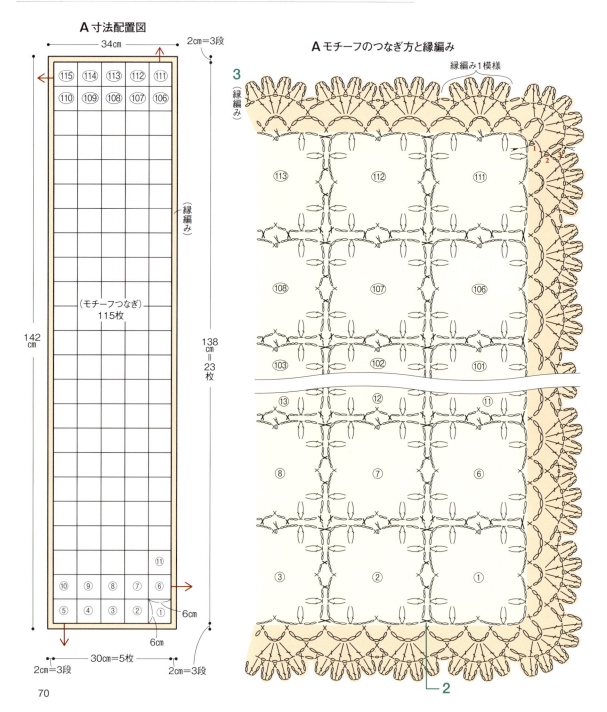

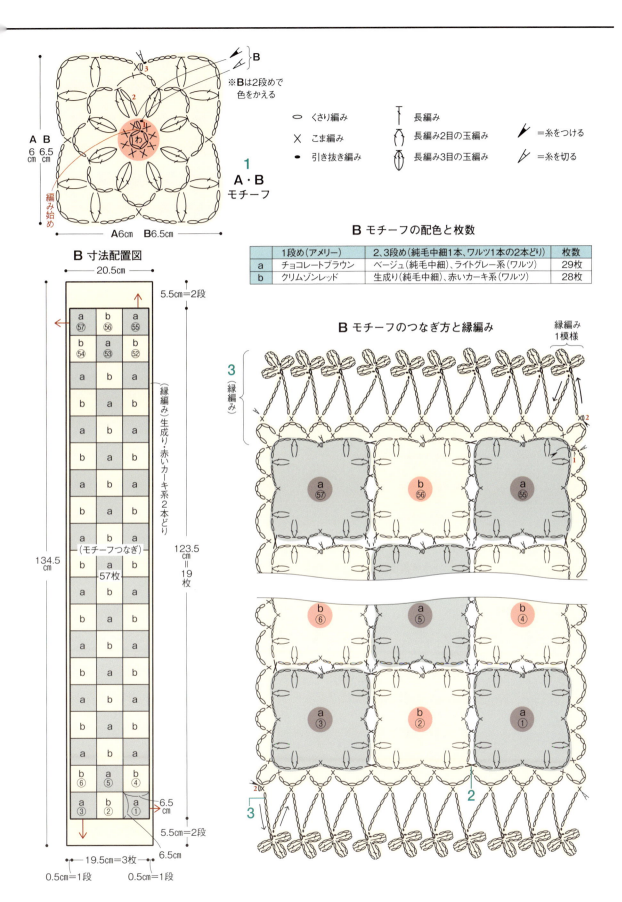

1　モチーフを編む

※分かりやすいように部分的に糸の色をかえて解説しています。

▶編み始め〜1段め

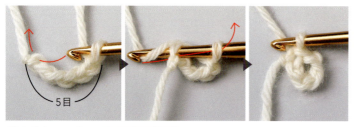

❶ 糸端を10cm残し、くさり編み（P.10）で5目作り目をする。1目めの裏山に針を入れて糸をかけ、引き抜いて輪にする。

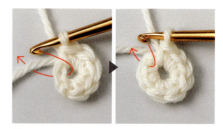

❷ 立ち上がりのくさり1目を編み、編み始めの糸端をくるみながら輪にこま編み（P.11）を8目編み入れて引き抜く。輪の中央には小さな穴があく。

※編み始めの糸端を編みくるむと、糸が固定され、糸始末が少なくて済みます。

▶2段め　〈長編み3目の玉編み〉

❸ 立ち上がりのくさり2目を編む。針に糸をかけ、立ち上がりと同じ目に針を入れ、糸をかけて引き出す。

❹ 針に糸をかけ、矢印のように糸を引き抜く。この状態が未完成の長編み（P.16）。

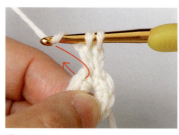

❺ 針に糸をかけ、同じところに針を入れ、❸、❹と同様に未完成の長編みをもう1目編む。

❻ 目の高さをそろえ、針に糸をかけて引き抜く。

❼ が編めた。

❽ くさり5目を編み、次の玉編みからは、同じ目に未完成の長編みを3目編み、針に糸をかけて一度に引き抜く。

❾ ❽をくり返して1段編み、最後はくさり2目を編み、最初の玉編みの頭に針を入れて長編み（P.13）を編む。

くさり5目のループの代わりに、くさり2目と長編み（くさり3目分の長さ）を編みます。長編みを編むことで、編み終わりの糸がループの真ん中にくるので、次の段にスムーズに移ることができます。

B マフラーの2段め

アメリーで1段編んだら、糸端を10cm残してカットし、純毛中細とワルツの2本どりで新しく糸をつけて2、3段めを編みます。

花モチーフのストール＆マフラー

▶ 3段め

⑩ 立ち上がりのくさり1目を編み、⑨の長編みの足をすくってこま編みを編む。

⑪ くさりを5目を編み、前段のくさりのループをすくって⑧と同じ要領で長編み2目の玉編みを編む。もう一度くさり5目と玉編みを同じループに編みつける。

⑫ 続けてくさり5目を編み、次のループをすくってこま編みを編む。

⑬ ⑪、⑫をくり返して1段編み、最後は⑩のこま編みの頭に針を入れて引き抜く。糸端を10cm残してカットする。1枚めのモチーフが編めた。

| 糸の始末

⑭ 編み始めの糸端を引いて中央の穴を少し小さくする。

⑮ 糸端をとじ針に通す。1目すくい、折り返すようにして穴のまわりにくぐらせる。編み終わりの糸端も、編み地にくぐらせて始末する (→P.18)。

糸始末はいつするの？

モチーフつなぎの作品は、糸始末をするところがたくさんあります。「いつしなくてはいけない」という決まりはありませんが、全部つないだあとに一気に始末しようとすると大変です。1枚ずつ、または数枚編みつないだ段階で始末することをおすすめします。

2 2枚めからは、最終段でつなぎながら編む

check ※詳しいつなぎ方はP.75を参照してください。

⑯ 2枚め（②）の最終段の途中まで編んだら、①のモチーフとこま編みでつなぐ。

⑰ 番号順に横につなぎ、1列つなぎ終わったら、2列めをつなぐ。同じ要領で合計115枚（Bは57枚）編みながらつなぐ。

3 縁編みを編む

A ストール

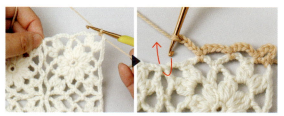

⑱ つないだモチーフの右上に、糸端を10cm残して糸をつける。立ち上がりのくさり1目とこま編みを編み、それぞれのくさりのループを束にすくってくさり5目、こま編み1目を編む。モチーフをつないだ目には、こま編みを編み入れる。

⑲ ⑱をくり返して1段編み、最後はくさり2目を編み、最初のこま編みの頭に長編みを編んで、次の段に移る。

⑳ 2段めはくさり2目編んだら、前段のループに図のように長編み、くさり、こま編みを編む。

㉑ 角は長編み5目、それ以外は長編み4目を同様に編む。

㉒ 3段めはくさり1目編んだらこま編みを編む。続けてくさり2目を編み、長編みを編む。

㉓ くさり2目を編み、くさり目を束にすくってこま編みを編む。

㉔ ㉒、㉓をくり返して1段編む。糸端を編み地の裏側にくぐらせ、糸始末をする（→P.18）。

B マフラー

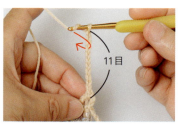

⑱ 縁編みの1段め。Aの⑱、⑲と同様に1段編み、最後はこま編みの頭に引き抜き、糸を切る。

⑲ ⑱の★のループに糸端を10cm残して糸をつけ、くさりとこま編みを編む。続けてくさりを11目編み、8目めに針を入れて長編みを編む。

⑳ くさり2目を編み、⑲と同じ目に針を入れて引き抜く。

㉑ くさり3目編み、同じ目に針を入れて、長編みを編み、⑳と同様にくさり2目編んで同じ目に引き抜く。

㉒ ㉑をくり返して編み、隣のくさり目に引き抜く。

㉓ 続けてくさり6目編み、1段めのくさりのループをすくってこま編みを編む。この模様をくり返して1段編む。反対側も新しく糸をつけて同様に編む。

花モチーフのストール＆マフラー

モチーフのつなぎ方

モチーフのつなぎ方は、形や編み目によっていろいろな方法がありますが、P.68、69、76の作品はいずれも「こま編みで編みながらつなぐ方法」でつないでいます。

●2枚めの角をつなぐ

❶ 2枚めのつなぐ手前のくさり2目を編んだら、1枚めのくさりのループに針を入れる。

❷ 針に糸をかけて引き出す。

❸ こま編みをきつめに編む。続けてくさりを2目を編む。

❹ 残りのループも同様にこま編みでつなぐ。

●3枚めの角をつなぐ

❺ 3枚めのつなぐ手前のくさり2目を編んだら、1枚めと2枚めをつないだこま編みの足に針を入れる。

※束にすくってしまうと、モチーフがきれいにつながらないので、必ず目に編み入れましょう。

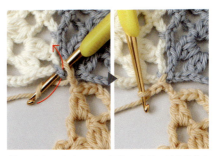

❻ こま編みをきつめに編む。続けてくさりを2目編む。

●4枚めの角をつなぐ

❼ ❺と同じところに針を入れてこま編みをきつめに編む。

❽ 4枚のモチーフがつながった。

75

モチーフつなぎの
ブランケット

How to make…P.78

多色使いがかわいいブランケット。大判ですが、1枚のモチーフが大きくて編みやすいので、
見た目より大変ではありません。ストールとして、肩から羽織っても素敵です。

デザイン…遠藤ひろみ
糸…ハマナカ アメリー

モチーフつなぎのブランケット

Photo P.76-77

糸	ハマナカ アメリー (40g玉巻)
	ナチュラルホワイト (20) 140g　レモンイエロー (25) 55g
	アイスブルー (10)、グレー (22)、
	スプリンググリーン (33)、ピスタチオ (48) 各40g
	チャイナブルー (29) 10g
針	ハマナカアミアミ両かぎ針ラクラク6/0号
その他	毛糸とじ針
モチーフの大きさ	10cm×12cm (一辺が6cmの六角形)
サイズ	113cm×69cm

編み方　糸は1本どりで編む。

1. モチーフを配色しながら編む
2. 2枚めからは、最終段でつなぎながら編む
3. 縁編みを編む

1 モチーフ

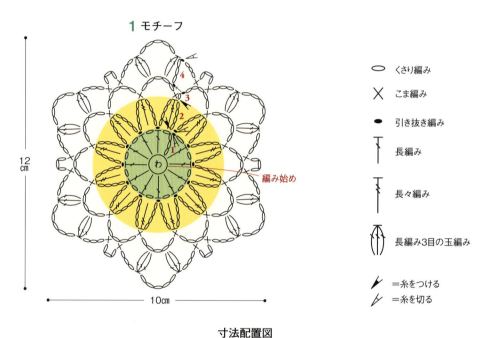

寸法配置図

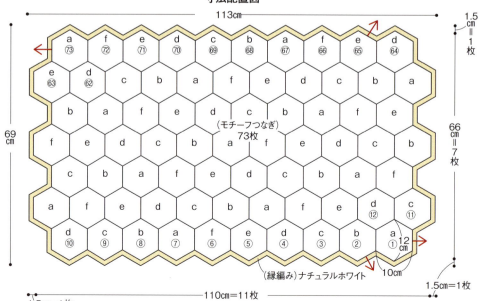

モチーフの配色と枚数

	1段め	2段め	3・4段め	枚数
a	ピスタチオ	レモンイエロー	ナチュラルホワイト	13枚
b	スプリンググリーン	ナチュラルホワイト	アイスブルー	12枚
c	チャイナブルー	ナチュラルホワイト	ピスタチオ	12枚
d	アイスブルー	ナチュラルホワイト	レモンイエロー	12枚
e	グレー	ナチュラルホワイト	スプリンググリーン	12枚
f	レモンイエロー	ナチュラルホワイト	グレー	12枚

モチーフのつなぎ方と縁編み

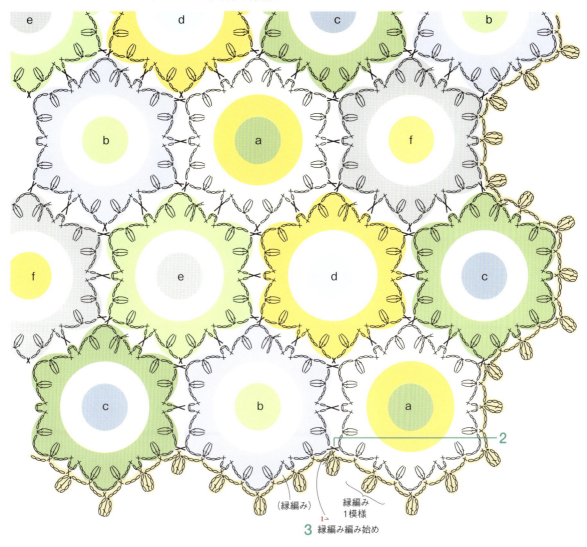

1 モチーフを配色しながら編む

※わかりやすいように、部分的に糸の色をかえて解説しています。

▶1段め

❶ ピスタチオ色の糸で、糸端を輪にする作り目(P.15)をし、立ち上がりのくさり編み(P.10)3目と次のくさり1目を編む。

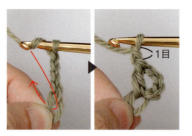

❷ 針に糸をかけ、長編み(P.13)を輪に編み入れる。続けてくさり編み1目を編む。

❸ 長編みとくさり編みを交互に11回くり返して1段編む。

❹ 一度かぎ針をはずす。糸端を引っ張り、中央の輪を縮める。

❺ 1段めの最後で、色をかえる。1段めの立ち上がりのくさりの3目めに針を入れ、レモンイエローの糸を針にかけて引き抜く。

※レモンイエローの糸は、糸端を10cm残してつけます。新しくつけた糸はゆるみやすいので、数目編むまで糸端を押さえながら編み進めましょう。

▶2段め

❻ くさり4目を編み、くさり目を束にすくって長々編み(P.14)を編む。
※束にすくう(P.19参照)

❼ さらにくさり4目編み、長編みの頭に引き抜く(P.14)。

❽ ❻、❼をくり返して1段編む。

❾ 最後は、1段めの引き抜き編みの目に、矢印のように引き抜く。

❿ 2段めが編めた。

モチーフつなぎのブランケット

▶3段め

⓫ 長々編みの頭に、糸端を10cm残してナチュラルホワイトの糸をつける。

⓬ 立ち上がりのくさり1目、こま編み (P.11) 1目を編んだら、くさり5目編む。長々編みの頭にこま編みを編む。

⓭ ⓬をくり返して1段編み、最初のこま編みの頭に引き抜く。

▶4段め
〈長編み3目の玉編み〉

⓮ 前段のくさりのループをすくって引き抜き編みを編む。
※引き抜き編みで、4段めの編み始めの位置に移動させます。

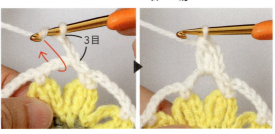

⓯ 立ち上がりのくさり3目を編み、くさりのループをすくって玉編みを編む（→P.72の❹〜❼参照）。が編めた。

⓰ 続けてくさり5目を編む。未完成の長編み (P.16) を3目編み、針に糸をかけて一度に引き抜く。が編めた。

⓱ くさり3目を編み、こま編み、くさり3目、こま編みを編む。

⓲ P.78の記号図を見ながら1段編み、最初の玉編みの頭に引き抜く。

⓳ 1枚めのモチーフが編めた。糸端を10cm残してカットし、P.73の⓯と同様に糸の始末をする。

2 2枚めからは、最終段でつなぎながら編む

※詳しいつなぎ方はP.75を参照してください。

⓴ 2枚め（②）の最終段の途中まで編んだら、1枚めのモチーフとこま編みでつなぐ。つなぐ手前の目まで編んだら、1枚めのくさりのループに針を入れる。

㉑ こま編みをきつめに編む。

㉒ 残りのループも同様にこま編みでつなぐ。番号順に横につないでいく。

㉓ 1列めをつないだら、2列めも同様につなぐ。

㉔ 3枚めの角をつなぐときは、1枚めと2枚めをつないだこま編みの足に針を入れ、こま編みを編む。

3 縁編みを編む

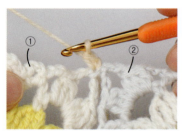

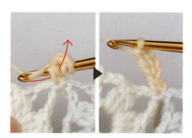

㉕ 1枚めと2枚めをつないだ目にナチュラルホワイトの糸をつけ、立ち上がりのくさり1目とこま編みを編む。

㉖ くさり3目を編み、針に糸をかけてこま編みの頭と足1本に針を入れる。
※頭と足（P.19参照）

㉗ 針に糸をかけて引き出し、長編みを編む。

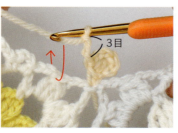

㉘ 続けてくさり3目を編み、㉖と同じところに針を入れて引き抜く。

㉙ くさりを3目編み、長編み3目の玉編みの頭にこま編みを編む。

㉚ くさり3目編んで次のくさりのループをすくってこま編みを編み、㉖〜㉙と同様に編む。くり返して1段編む。

Column かぎ針編み Q & A 〈2〉

Q 往復編みの編み地が台形になってしまう…何故？

A 2段め以降の段の最後で、前段の立ち上がりの目に編み忘れている可能性があります。この目（★の位置）に編まないと、だんだん目が減ってしまうので注意が必要です。1段ごとに編み目の数を確認しながら編みましょう。

※長編みで解説していますが、中長編み、長々編みも要領は同じです。（目を編み入れる位置はP12の9、10／P.13の10参照）

Q 編み始めの糸や、新しくつけた糸の糸端はどうするの？

A P.18の方法で糸始末をします。目の詰まった編み地であれば、これから編む糸で糸端を編みくるむと糸が固定され、糸始末が少なくて済むのでおすすめです。

Q 斜行ってなに？

A 「斜行」とは、こま編みなどを輪に編んだときに、編み目が斜めにずれていくことを言います。斜行は編み目の頭が足よりもやや右寄りにできるために起こるもので、斜行の程度は編む手加減によってもかわってきます。編み目を引き抜くときに、左に引くように意識すると斜行が少し抑えられますが、編み慣れていても起きることなのであまり気にする必要はありません。

Q 記号図の ⬯ と ○ の違いは？

A 同じ作品でも、編み図の中の記号の大きさが違うことがあります。
例えば同じ図内で、くさり編みが、⬯ と ○ というように大きさが異なることも。
これは、立体的な手編み作品を平面で記しているので、このようにしか書けないためです。
実際には、特別な場合を除いて、同じ作品の同じ記号は、同じ大きさで編みます。

ルームシューズ
How to make...P.85

手編みのルームシューズで、冷えがちな足元をかわいくあたためて。フェルト底を使用&極太糸なので、
驚くほどスピーディーに編み上がります。ボタンとループをつけて、おしゃれな仕上がりに。

デザイン…青木恵理子
糸…ハマナカ ソノモノ《超極太》

ルームシューズ

Photo P.84

糸	ハマナカ ソノモノ《超極太》(40g玉巻) オフホワイト (11) 130g
針	ハマナカアミアミ両かぎ針ラクラク6/0号　7mm竹製かぎ針
その他	ハマナカ 室内履き用フェルト底 (H204-594) 1組
	直径1.9cmのウッドボタン2個　毛糸とじ針
ゲージ	こま編み　12目14段＝10cm角
	長編み　1段＝約2.2cm
サイズ	足のサイズ 約24cm　深さ10.5cm

編み方　糸は1本どりで編む。

1. フェルト底に編み入れる
2. 甲と足首を編む
3. ボタンループを編みつける
4. ボタンを編み、つける

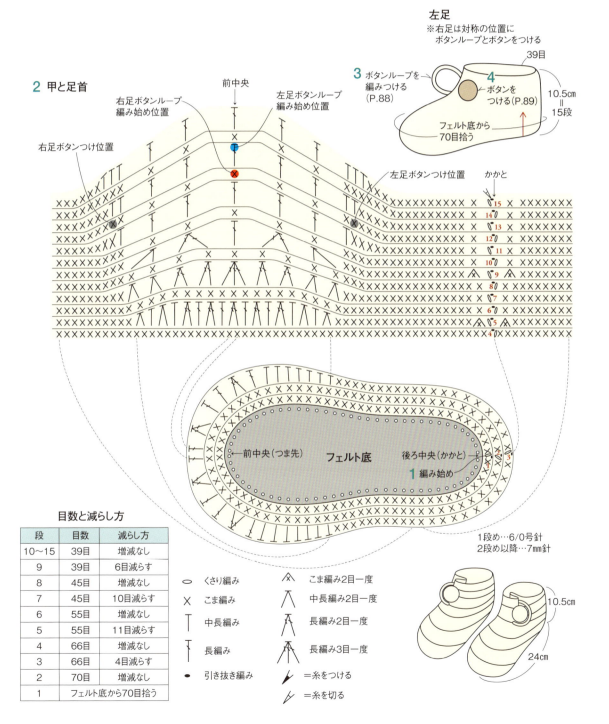

1 フェルト底に編み入れる

※わかりやすいように、部分的に糸の色をかえて解説しています。

❶ フェルト底の形は左右とも同じで、70穴あいている。かかと中央から編み始める。

❷ 編み始め位置の穴に6/0号針を入れ、糸をかけて引き出す。糸始末ができるように糸端を10cm残してつける。

> **細い針で編み入れる**
> この作品は7mm針で編みますが、フェルト底の穴には太過ぎて入らないため、1段めは6/0号針を使います。きつく編んでしまうと2段めで7mm針を編み入れるのが大変なので、少しゆるめに編みましょう。

❸ さらに針に糸をかけて引き抜く。これが立ち上がりのくさり編み（P.10）になる。

❹ 同じ目にこま編み（P.11）を編み入れ、次の目からは、1穴に1目こま編みを編む。

❺ 最後は1目めのこま編みの頭に引き抜く（P.15の7〜9）。これが1段めになる。

2 甲と足首を編む

▶ 2段め

❻ 7mm針にかえ、立ち上がりのくさり編み1目を編んだら、フェルト底を矢印のようにまわして裏側に向ける。

❼ 2段めは裏側を見ながらこま編みを編む。

▶ 3段め

❽ 3段めは、❻と同様にフェルト底をまわし、表側を見ながら編む。4段め以降も奇数段は表側、偶数段は裏側を見ながら編む。

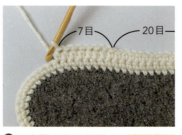

❾ こま編みを20目編み、中長編み（P.12）を7目編む。

> **Point　往復に輪に編む**
> この作品のように、輪編みでも、毎段編み地の向きをかえながら編む場合もあります。編み地に表情が出るほか、輪編みの斜行（P.83参照）を防ぐ効果もあります。編み図の立ち上がりの向きを見ると、編み方向がわかります。

ルームシューズ

〈長編み2目一度〉

❿ 続けて長編み（P.13）を1目編み、次の2目を長編み2目一度（P.16）する。図の指定の位置で⋏をしながら1段編む。4段めはすべてこま編みで編む。

▶5段め 〈こま編み2目一度〉

⓫ 立ち上がりのくさり1目を編んだらまわして表側にし、次の2目をこま編み2目一度（P.16）する。

〈中長編み2目一度〉

⓬ 続けてこま編みを18目編んだら次の2目を中長編み2目一度（P.16）する。

⓭ つま先を⋏と⋏で減らしながら編む。つま先側に高さが出て、やや内側に入る。6段めはすべてこま編みで編む。

Point 減らし目は左右対称に

⋏⋏⋏⋏と複数の減らし目が出てきますが、減らしの位置は前中央から左右対称になっています。中央の位置に段目リングで目印をつけておくと、間違えずに編み進められます。

▶7段め 〈長編み3目一度〉

⓮ 7段めの前中央で、長編み3目一度をする。まず針に糸をかけ、前中央の1目手前に針を入れて引き出す。

⓯ 針に糸をかけ、矢印のように引き抜く（未完成の長編み／P.16）。

⓰ 次の目（前中央）に針を入れて⓮、⓯と同様に編み、その次の目も同様に編む。

⓱ 3目の高さをそろえ、針に糸をかけて一度に引き抜く。

⓲ ⋏が編めた。

⓳ 偶数段はこま編み、奇数段は図のように減らし目をしながら15段めまで編む。同様にもう片方を編む。

3 ボタンループを編みつける

編み始めの位置

▶左足

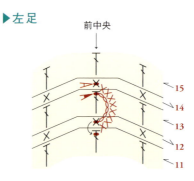

㉑ 13段めの前中央に、写真のように右から左に針を入れ、糸端を10cm残して引き抜く。

㉒ くさりを6目編む。

㉓ 1段下の目に引き抜く。

㉔ 続けて、すぐ下の段の目に引き抜き、くさりのループをすくってこま編みを編む。

㉕ こま編みを8目編み、引き抜く。糸端を10cm残してカットする。

㉖ 左足のループが編めた。編み始めと編み終わりの糸を編み地の内側に出して糸始末をする（→P.18）。

▶右足

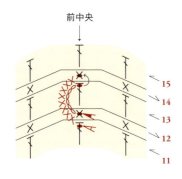

㉗ 12段めの中央に、左から右に針を入れて糸を引き抜き、左足と同じ要領で編む。

ルームシューズ

4 ボタンを編み、つける

∨ = ∨ こま編み2目
　　　編み入れる

〈こま編み2目編み入れる〉 ∨

㉘ 糸端を輪にする作り目（P.15）をし、立ち上がりのくさり1目編み、こま編みを5目編み入れて引き抜く。

㉙ 2段めは立ち上がりのくさり1目を編み、隣の目にこま編み2目編み入れる（P.17）。

㉚ 全目 ∨ を編み、最初のこま編みの頭に引き抜く。

㉛ 3段めは、立ち上がりのくさり1目を編み、全目こま編み2目一度（P.16）を編んで引き抜く。

㉜ 中にウッドボタンを入れる。編み始めの糸端も一緒に入れる。

糸の始末

㉝ 糸端を15cm残してカットし、とじ針に通す。残ったこま編みの頭5目をすくってぎゅっと絞る。

㉞ ボタンつけ位置の編み地に2、3回通して固定する。

㉟ 糸端は、編み地の内側に出して糸始末をする。

Q ほどいた糸をまっすぐにする方法は？

A 編み間違えてほどいた糸は、糸にクセがついてしまい、そのままでは編みにくく、目がきれいにそろいません。アイロンのスチームをあて、まっすぐに伸ばしてから編みましょう。ただし、ひっぱりすぎると糸が細くなってしまうので注意しましょう。

89

丸ポーチ&がまぐち

How to make…P.91

キラキラのビーズを編み込んだ、人気のデザイン。**A**はファスナーつけ、**B**は口金の編みくるみ方を
マスターしましょう。いくつあってもうれしいポーチやがまぐちは、プレゼントにも喜ばれます。

デザイン…河合真弓
糸…ハマナカ ウオッシュコットン《クロッシェ》

丸ポーチ＆がまぐち

Photo P.90

糸	ハマナカ ウオッシュコットン《クロッシェ》（25g玉巻）
	A グレー（132）30g　B マスタードイエロー（104）15g
針	ハマナカアミアミ両かぎ針ラクラク3/0号
その他	毛糸とじ針　段目リング
	丸大ビーズ　A シルバー512個　B ゴールド288個
	A 長さ20cmのファスナー（グレー）1本　手縫い糸　手縫い針
	B ハマナカ 編みつける口金
	（H207-018-1／横 約7.5cm×縦 約4.5cm）1個
ゲージ	こま編み　35目＝10cm、16段＝5cm
サイズ	A 直径15cm　B 図参照

編み方　糸は1本どりで編む。

1. 糸にビーズを通す
2. ビーズを編み込みながら、本体を編む
3. A ファスナーを縫いつける／
   B 口金を編みくるむ
4. A 2枚をつなぎ合わせる

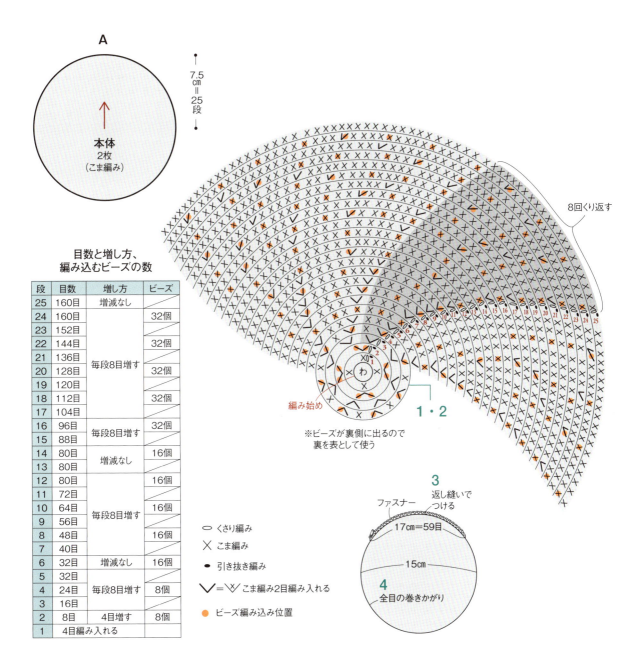

丸ポーチ&がまぐち

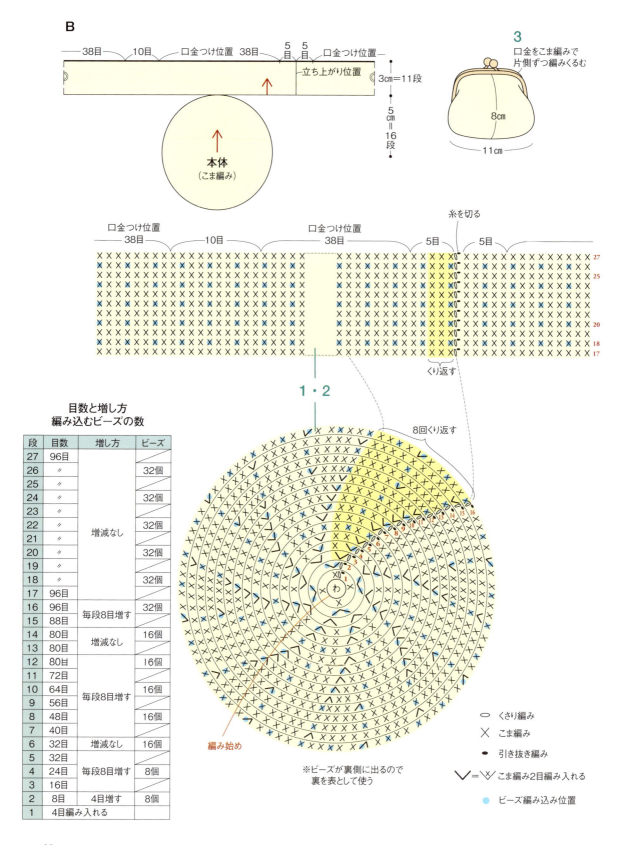

| A 丸ポーチの編み方 | ※わかりやすいように、部分的に糸の色をかえて解説しています。 |

1　糸にビーズを通す

●糸に通ったビーズの場合

❶ ビーズの糸と編み糸の糸端をボンドでつなぎ、指でビーズを少しずつ編み糸に移す。本体1枚につき、256個通す。

※この作品のように多数のビーズを通す場合、こちらのタイプが便利です。

●バラビーズの場合

ビーズ通し針を使って編み糸に通していく。本体1枚につき、256個通す。

> **Point** 糸とビーズの選び方
>
> この作品に使用しているのは、3/0号のかぎ針が適合のコットンの糸と外径約3mmの丸大ビーズ。作品と異なる糸やビーズを選ぶ場合、ビーズの穴に糸が通ることを必ず確認しましょう。同程度の細さでも、ウールやリネンなどすべりの悪い糸は向きません。

2　ビーズを編み込みながら、本体を編む

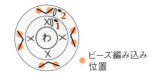

ビーズ編み込み位置

▶編み始め〜1段め

❷ 糸端を輪にする作り目（P.15）をし、立ち上がりのくさり1目を編み、こま編み（P.11）を4目編み入れて糸を引く。

❸ 最初のこま編みの目に引き抜く（→P.15の7〜9）。1段めが編めた。

▶2段め　〈ビーズを編み込みながら、こま編み2目編み入れる〉

❹ 立ち上がりのくさりを編み、1段めのこま編みの頭に針を入れて糸を引き出し、ビーズを編み目に寄せる。

❺ 針に糸をかけて引き抜くと、ビーズが編み目の裏側に固定される。

2目め
1目め

❻ 同じ目に、同様にビーズを寄せてこま編みを編む。ビーズを編み込みながらこま編み2目編み入れる。

表側　　裏側

❼ 2段めは、全目にビーズを編み込みながら で編む。

▶ 3、4段め

⑧ 3段めはビーズを入れずに ⋎ で編む。4段めは、⋎ の1目にビーズを編み入れる ⋎ 。

⑨ 偶数段の指定の位置にビーズを編み込みながら、25段編む。同じものをもう1枚編む。ビーズが編み込まれている編み地の裏側を表として使う。

糸の始末
編み始めの糸端は、とじ針に通して表側に出し、編み地にくぐらせる（P.18参照）。

3 ファスナーを縫いつける

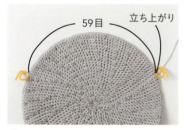

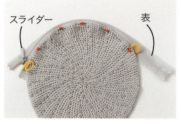

⑩ ファスナーつけ位置（立ち上がりから59目め）に段目リングで印をつける。

⑪ 編み地とファスナーの端を合わせ、まち針でとめる。ファスナーのスライダーを段目リングの位置に合わせる。

⑫ 手縫い糸と手縫い針を使い、最終段のこま編みの足部分（→P.19／編み目の名称）を返し縫いで縫う。

※実際には、目立たないように同色の手縫い糸を使いましょう。

⑬ ファスナーの片側にもう1枚の編み地を同様に縫いつける。

ファスナーの始末

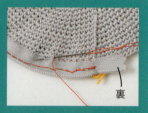

ファスナーつけ位置に合わせ、あき止まりを縫っておくと安心。

ファスナーの端が浮かないように裏側でまつりましょう。

4 2枚をつなぎ合わせる〈巻きかがり〉

⑭ ファスナーの端を編み地の内側に入れ込む（カットしても良い）。ウォッシュコットン《クロッシェ》60cmをとじ針に通す。段目リングの隣の目（くさり目のような2本の糸）に針を入れて糸を引く。もう一度同じ目に通す。

⑮ 1目ずつ、編み目全部をすくってかがる。

⑯ 端までかがり、最後の目には2度通す。糸端は編み地の裏側にくぐらせる（→P.18）。

丸ポーチ&がまぐち

| B がまぐちの編み方 | ※わかりやすいように、部分的に糸の色をかえて解説しています。 |

1 糸にビーズを通す
2 ビーズを編み込みながら、本体を編む

表側

裏側

11段

❶ Aの1、2と同様に、糸にビーズを288個通し、増し目をしながら16段編む。

❷ 続けて、増減せずに11段編む。増し目しないことで側面が立ち上がり、お椀型になる。

3 口金を編みくるむ

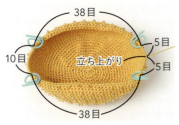
38目 / 5目 / 10目 / 立ち上がり / 5目 / 38目

ひねり / 蝶番

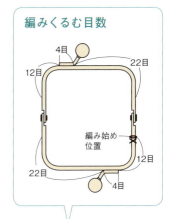
編みくるむ目数 / 4目 / 22目 / 12目 / 編み始め位置 / 12目 / 22目 / 4目

❸ 立ち上がり位置をわきにして、口金つけ位置に段目リングで印をつける。

❹ 口金の蝶番と編み地のわきを合わせる。

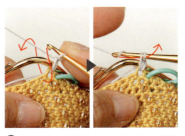

4目編む / 12目

❺ 糸端を10cm残して新しく糸をつけ、口金をくるんでくさり編みを編む。

❻ 続けて、口金をくるみながらこま編みを編む。

❼ 上の図を見ながら、指定の目数こま編みを編んでいく。

22目

❽ 端まで編んだところ。

❾ 新しく糸をつけて、反対側も同様に編む。

❿ 横から見たところ。糸端はとじ針に通し、編み地の裏側にくぐらせる（→P.18）。

作品デザイン

青木恵理子／遠藤ひろみ／岡 まり子／
河合真弓／柴田 淳／橋本真由子

Staff

ブックデザイン／平木千草
口絵撮影／滝沢育絵
プロセス撮影／中辻 渉
スタイリング／西森 萌
モデル／名和風歌
ヘアメイク／AKI
トレース／大楽里美　白くま工房
編集／永谷千絵（リトルバード）
編集デスク／川上裕子（成美堂出版編集部）

撮影協力

コンジェ ペイエ アデュー トリステス　☎ 03-6861-7658
P.21、59、69のデニムワンピース／P.26、52のクルーネックワンピース／
P.33、40のギンガムチェックパンツ／P.44、76のノースリーブワンピース

AWABEES　☎ 03-5786-1600
UTUWA　☎ 03-6447-0070
TITLES　☎ 03-6434-0616

糸、材料

この本の作品はハマナカ手芸手あみ糸、ハマナカアミアミ手あみ針を
使用しています。糸、針、用具については下記へお問い合わせください。

ハマナカ株式会社
〒616-8585 京都市右京区花園薮ノ下町2番地の3
☎ 075-463-5151（代表）
www.hamanaka.co.jp
info@hamanaka.co.jp
※ 材料の表記は2019年9月現在です。

この本の編み方についてのお問い合わせは下記へお願いします。
リトルバード　☎ 03-5309-2260
受付時間　13:00〜15:00（土日・祝日はお休みです）

印刷物のため、作品の色は実物とは多少異なる場合があります。

編み方のコツがひと目でわかる はじめてのかぎ針編み

編　者　リトルバード
発行者　深見公子
発行所　成美堂出版
　　　　〒162-8445　東京都新宿区新小川町1-7
　　　　電話(03)5206-8151　FAX(03)5206-8159
印　刷　大日本印刷株式会社

©SEIBIDO SHUPPAN 2019　PRINTED IN JAPAN
ISBN978-4-415-32757-0
落丁・乱丁などの不良本はお取り替えします
定価はカバーに表示してあります

• 本書および本書の付属物を無断で複写、複製（コピー）、引用する
ことは著作権法上での例外を除き禁じられています。また代行業者
等の第三者に依頼してスキャンやデジタル化することは、たとえ個人
や家庭内の利用であっても一切認められておりません。